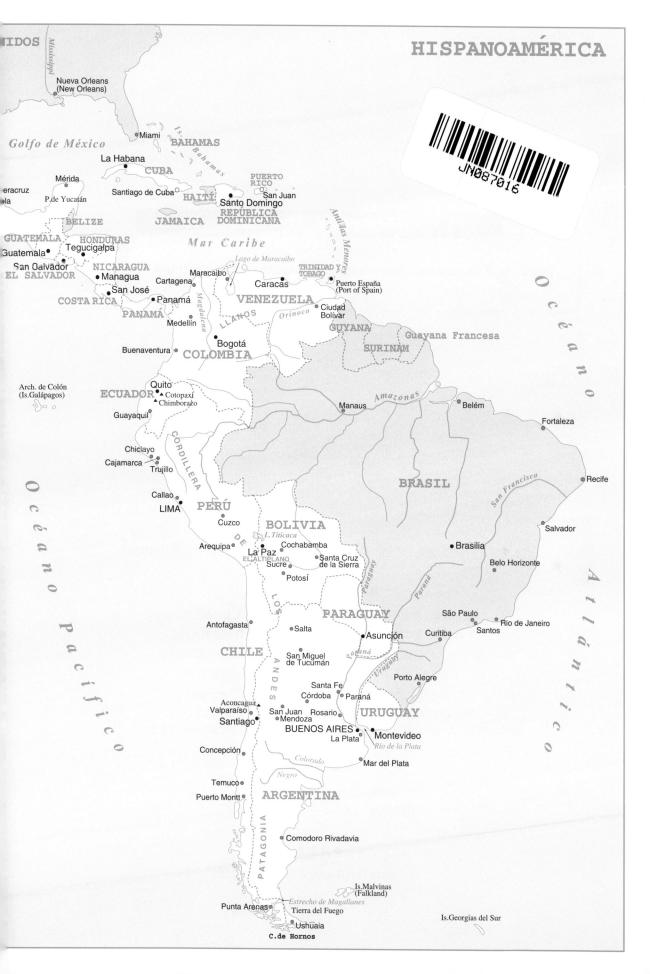

HISPANOAMÉRICA

このテキストの音声と補足情報は、下記HPに掲載されています。

https://text.asahipress.com/free/spanish/caminantes/index.html

本テキスト作成にあたっては次の方々・団体のご協力をいただきました（敬称略）。

● 写真提供・撮影協力 ●

青山清美、東友花、磯部京香、上羽大貴、長屋太士、那須雄斗、
平井素子、藤井希伊、山本和輝、小川清次、熊野本宮観光協会、
NPO 法人「日本カミーノ・デ・サンティアゴ友の会」（森岡朋子）、
NPO 法人「メインストリーム協会」、和歌山県国際課、
スペイン語学習サークル「きらめきエスパニョール」

（上記の写真提供者から以外の写真については著者が撮影しました。
撮影に際しては、大阪国際メディア図書館・写真表現大学よりご指導をいただきました。）

● 編集協力 ●

Jose Camino, Analía Vitale
山本和磨、「きらめきエスパニョール」

● 録音 ●

Yolanda Fernández, Daniel Quintero

Caminantes

Curso de español

Masami Ogawa

Editorial ASAHI

Prefacio

Al comenzar a estudiar una lengua extranjera, no son pocos los que se lo plantean con la meta inicial "poder usarla cuando se haga un viaje al exterior". Este libro la incluye, pero su objetivo consiste en, con esa meta inicial, dar la oportunidad para dirigirse a una siguiente meta.

Debido a un incansable desarrollo de las nuevas tecnologías, como la traducción automática y la inteligencia artificial, podría pensarse que no es necesario aprender lenguas extranjeras para viajar al exterior. Sin embargo creemos que el placer de viajar consiste en la emoción que se logra al ir caminando por tierras desconocidas con nuestros propios pies y con juicios, sintiendo su cultura y naturaleza con todo nuestro cuerpo e intercambiando palabras y sonrisas con su gente. Esta gente, a su vez, lleva su vida allí, con las circunstancias y la cultura que se han gestado durante mucho tiempo. En estos tiempos donde abundan turistas extranjeros por muchas partes del mundo, intercambiar significados utilizando la lengua del interlocutor implica un respeto mutuo.

Ahora bien, aun cuando el tema de viajar no parezca real, la situación en la que los estudiantes y el profesor están en el aula es pura realidad para todos ellos. Así que, ¿por qué no usar la lengua española en dicha situación? Para ello se muestran ejemplos de diálogos en la página de inicio de cada de las cuatro partes que constituyen el manual. Y a partir de la página siguiente, vamos a viajar juntos por España, Hispanoamérica y Japón.

La utilización de fotos como medio de expresión, además de la lengua japonesa, ayudará a tratar el significado desde diferentes ángulos, en vez de una mera sustitución de palabras. Y el aprendizaje de un buen manejo de la gramática básica posibilitará construir una variedad de expresiones y crear diversos significados.

Quisiera expresar mi agradecimiento a Jose Camino por sus revisiones y consejos; a los muchos turistas hispanohablantes que accedieron a aparecer en las fotos; a las personas que me cedieron sus fotografías; a Yolanda Fernández y Daniel Quintero por prestar su voz para el material de audio; y por último a Toshiyuki Yamada, de la editorial Asahi, por su apoyo durante todo el proceso de elaboración de este libro.

Septiembre de 2019

Masami Ogawa

まえがき

　外国語を学び始める時、「その言語を用いて旅行ができること」をさしあたっての目標とする人は少なくないでしょう。本書の目標もそこにあります。しかし同時に本書がめざすのは、その目標への道を歩くことが次の目標に向かう力となることです。

　自動翻訳や人工知能等とどまるところを知らない技術の発達により、単に海外旅行をするための外国語学習は不要に思えるかもしれません。しかしながら、的確な判断をしつつ未知の土地を自らの足で歩き、現地の文化や自然を全身で感じ、現地の人々と笑顔で言葉を交わす… これらがもたらす感動こそが旅する喜びではないでしょうか？ 一方、現地の人々は、長年育まれた環境や文化とともにそこで生活しています。世界各地に外国人観光客があふれる昨今において、相手の言葉を用いて意味のやりとりをすることは、互いを尊重することでもあります。

　さて、スペイン語圏を旅行することが現実的でないとしても、学生と教員が教室にいるという状況は、全員にとってまさに現実です。本書は4部構成を取っており、各部のスタートページには教室におけるやりとりの例が提示されています。今この場を共有する人々とスペイン語で話してみましょう。そして次のページからは一緒に、スペイン、スペイン語圏アメリカ地域、そして日本国内を旅しましょう。

　表現手段として日本語だけでなく写真を多用することにより、単なる言葉の置き換えではなく、多角的に意味を扱うことが可能となります。また、基本的な文法を学ぶことで、自分で様々な表現を構成し意味を創造することができるようになるでしょう。

　本書の制作にあたっては、たくさんの方々のご協力をいただきました。丁寧にスペイン語をチェックし助言をくださった Jose Camino 先生、写真撮影をさせていただいたスペイン語圏の旅行者の方々、貴重な写真の提供者として、あるいは学習者として力を貸していただいた多くの方々、録音をしてくださった Yolanda Fernández 先生と Daniel Quintero 先生、そして、柔軟かつきめ細かいサポートで出版を実現させてくださった朝日出版社の山田敏之氏です。この場をお借りして、皆様に心より御礼申し上げます。

2019年　9月

小川　雅美

目次

Contenidos

●表紙および裏表紙写真（カッコ内は撮影者）
　表紙：上から「サクサイワマンの親子」（小川雅美）、「サンティアゴ巡礼路オンタナス付近」（森岡朋子）、「キューバの街角」（長屋太士）、コラージュ「トレド全景」・「サクサイワマンの若者たち」（小川雅美）
　裏表紙：「歩き始めるリャマの赤ちゃん」（小川雅美）
●裏表紙の詩
　Antonio Machado, *Campo de Castilla* より

本書の使い方
(Uso de este manual)

(Para la versión en español, les rogamos acceder a nuestro página web).

●本書は次の4部 (計16課) で構成されています。

部	話題	主な学習内容（スペイン語に関して）
第1部	スペイン旅行	ミニマムのやりとり、文字と発音、名詞句
第2部	スペイン旅行	動詞の直説法現在形、文の構成
第3部	イスパノアメリカ旅行	弱形代名詞（目的格人称代名詞）を組み込んだ文の構成
第4部	日本旅行（インバウンド）	直説法現在形以外の動詞の形態と用法、複文

●各部のスタートページでは、その部のねらい、および教室でのやりとりの例とそのバリエーションを提示しています。

●各課の1ページ目には豊富な数の写真が提示されています。2ページ目と3ページ目がスペイン語の学習事項です。このうち2ページ目では、1ページ目の各写真に対応した表現を主に掲載しています。4ページ目にはアクティビティ（**¡Vamos a practicar!**）が掲載されています。

●各課1ページ目の各写真に対応した音声資料は、写真と音声を関連づける聴解や発音練習にご利用いただけます。

●各部の間に **Más allá** というセクションがあります。前の部の補足、次の部の準備、社会文化についてなど、様々なテーマを扱っています。

●教科書本文にある練習問題は、答えが1つに決まるものだけでなく、学習者が比較的自由に展開できるものがあります。調べたり話し合ったりしながら推論することで、言語をより柔軟に学ぶことができるでしょう。

●本書の使用は、学習者による辞書の利用を前提としています。一方、スマートフォンなどの機材を利用する活動を設けていますが、授業中の機材使用の可否は現場の先生方のご判断次第です。

●巻末の補遺、裏表紙裏の文字と発音の一覧、web掲載の練習問題で教科書本文の内容を補足しています。

主な記号について（Los signos utilizados）

[ ]	El uso del contenido entre corchetes es opcional.	[ ] 内の語句は省略可能。
{ / }	Se elige una de las opciones separadas por " / ".	{ } 内のスラッシュで区切られた語句のうちから1つ選ぶ。
❶ ❷ ❸	El número de referencia de las fotos de la primera página de la unidad. Corresponde a las expresiones con el mismo signo dentro de la misma unidad.	各課の1ページ目に掲載されている写真の番号。同じ課内のスペイン語表現に付されている番号に対応する。
👥	Relación de intimidad. Corresponde a las segundas personas.	親しさを表す。2人称形に対応。
👤👤	Relación de cortesía. Corresponde a las terceras personas de "usted" y "ustedes".	礼儀正しさを表す。usted, ustedes に関連した3人称形に対応。
bonito Soy japonés.	La parte sombreada puede sustituirse por otra forma, palabra o grupo de palabras.	グレーの部分は他の語形もしくは語句に置き換え可能。

●●● 第1部のねらい ●●●

教室でのやりとり	旅のスペイン語
A 初対面の挨拶をしよう。	Unidad 1 一言でメッセージを伝えよう。
B 知り合うための簡単なやりとりをしよう。	Unidad 2 看板の言葉を発音しよう。
C 簡単な自己紹介をしよう。	Unidad 3 食べ物や飲み物を注文しよう。
D 2回目にあった時の挨拶をしよう。	Unidad 4 買い物をしよう。
E 別れの挨拶をしよう。　F こんな時は?	

	基本的なセリフ	バリエーション
A (02)	A: ¡Hola! B: ¡Hola! Me llamo Taro. ¿Y tú? A: Yo me llamo Yuki. Soy de Osaka. ¿Y tú? B: Yo soy de Tokio. Encantado. A: Encantada.	**誰を指しているか** • 話者との関係 　（話者自身）yo / me（相手）tú / te • 男女による違い 　（男性）Encantado.（女性）Encantada.
B (03)	C: ¿Cómo te llamas? D: Me llamo Makoto. C: ¿De dónde eres? D: Soy de Kanazawa, Ishikawa.	**相手の扱い方**：心理的距離による違い

相手の扱い方：心理的距離による違い

親しさ	礼儀
¿Y tú? ¿Cómo te llamas [tú]? ¿De dónde eres [tú]?	¿Y usted? ¿Cómo se llama [usted]? ¿De dónde es [usted]?

★先生に対する言い方を教室で決めておこう。

	基本的なセリフ	バリエーション
C (04)	¡Hola! Buenos días. Me llamo Taro Yamada. Soy japonés, de Tokio. Soy estudiante. Me gusta escuchar música. Encantado.	**挨拶** • 時間帯による違い 　（午前）　　　　Buenos días. 　（午後〜日暮れ）Buenas tardes. 　（日暮れ〜）　　Buenas noches.
D (05)	A: ¡Hola, Taro! B: ¡Hola, Yuki! ¿Qué tal? A: Muy bien. ¿Y tú? B: Muy bien.	• 「〜人」：男女による違い 　（男性）japonés / chino / coreano / español 　（女性）japonesa / china / coreana / española
E (06)	C: ¡Adiós! ¡Hasta luego! D: ¡Hasta luego!	• 好きなこと： 　音楽を聴く　　escuchar música 　友達を作る　　hacer amigos 　スポーツをする hacer deporte 　本を読む　　　leer libros 　旅行をする　　viajar
F (07)	示している物の名前を知りたい時 　¿Cómo se dice esto en español? 相手のセリフが聞き取れなかった時 　Otra vez, por favor. / ¿Perdón?	

¡Vamos a salir! (さあ出かけよう!)

旅の場面で用いる最初のスペイン語を学びます。とっさの一言や記号を声に出しましょう。
相手と声のキャッチボールができれば快調なスタートです。

08

● En el avión: (機内で)

¡Vamos!

1

¡Buenos días!

¡Hola!

2

¡Qué bonito!

3

¿Carne o pescado?

Carne, por favor.

¿Café?

Sí, por favor.

Gracias.

4

5

De nada.

● En el aeropuerto: (空港で)

¡Adiós!

¿Allí?

No.

7

6

¡Buen viaje!

¿Aquí?

Sí.

8

● En el hotel: (ホテルで)

¡Bienvenido!

9

Habitación 401.

¡Aquí!

¡Qué bien!

10

1.1 アルファベット

A, a (a)	B, b (be)	C, c (ce)	D, d (de)	E, e (e)
F, f (efe)	G, g (ge)	H, h (hache)	I, i (i)	J, j (jota)
K, k (ka)	L, l (ele)	M, m (eme)	N, n (ene)	Ñ, ñ (eñe)
O, o (o)	P, p (pe)	Q, q (cu)	R, r (erre)	S, s (ese)
T, t (te)	U, u (u)	V, v (uve)	W, w (uve doble)	X, x (equis)
Y, y (ye, i griega)	Z, z (zeta)			

● 母音字（赤字で表示）の上にアクセント記号がつく場合があります。

Á, á, É, é, Í, í, Ó, ó, Ú, ú

● それ以外の文字は子音字です。Y, y は子音字ですが、母音を表すこともあります。

● K, k, W, w は外来語用です。

● アルファベットの名称は、つづりや記号を言う時に用いられます。

H, J, K ❼	（空港の）H, J, K 搭乗ゲートゾーン

1.2 基数詞の用法(1) 識別番号 (0 – 10)

0 (cero)	1 (uno)	2 (dos)	3 (tres)
4 (cuatro)	5 (cinco)	6 (seis)	7 (siete)
8 (ocho)	9 (nueve)	10 (diez)	

● この課では、基数詞の識別番号としての用法を学びましょう。

401 ❾❿	（ホテルの）401 号室
T4	（空港の）第4ターミナル

Usted está en: T4

1.3 発話の種類と簡単な会話表現

● 会話において休止（無言）で区切られる言葉のまとまりは、「発話」と呼ばれます。

● 意図がしっかり相手に伝わるように声を出しましょう。

社交の言葉	¡Hola!	❷	¡Buenos días!	❷	¡Bienvenido!	❾
	Gracias.	❺	De nada.	❺		
	¡Adiós!	❻	¡Buen viaje!	❻		
質問	¿Carne o pescado?	❹	¿Café?	❺	¿Allí? / ¿Aquí?	❼❽
お願い	Carne, por favor.	❹	Sí, por favor.	❺		
誘い	¡Vamos!	❶				
気持ちの表出	¡Qué bonito!	❸	¡Qué bien!	❿		
情報伝達・確認	Habitación 401.	❾	¡Aquí!	❿	Sí. / No.	❼❽

● 書く時には、先頭を大文字で書き、ピリオド・疑問符・感嘆符で締めくくります。

● 疑問符と感嘆符には、逆さの記号も必ず用いられます。

¡Vamos a salir!

1.4 イントネーション（上昇と下降）

● 発話の最後をしっかり意識してイントネーションを上げ下げすることで、意図が伝わります。

★ 次の客室乗務員(azafata)と乗客(pasajero)のやりとりで練習してみましょう。

尋ねる（上昇）／答える（下降）	選択肢を出して尋ねる（上昇と下降）／答える（下降）
Azafata：¿Café?	Azafata：¿Carne o pescado?
Pasajero: Sí, por favor. / No, gracias.	Pasajero: Carne, por favor.

1.5 指されている人による語形の変化

● スペイン語には、文法上の理由で語形（特に語尾）が変化する語がたくさんあります。
● Bienvenido（「歓迎されている(＝ようこそ)」）では、相手の性別と人数によって変化します。
● Encantado（「私は魅了されている(＝お目にかかれて光栄です・よろしく)」）では、話者の性別によって変化します。

★ クラスメートや先生と、「ようこそ」「よろしく」を意味するやりとりをしてみましょう。
★ 語尾に注意しながら空欄を埋めて、次の表を完成させましょう。

	指示対象	1人		2人以上	
		男性	女性	男性	女性
ようこそ！	相手	¡Bienvenido!	¡Bienvenida!	¡Bienvenidos!	¡Bienvenidas!
よろしく。	話者	Encantado.	Encantada.		
日本人		japonés	japonesa	japoneses	
中国人	誰でも	chino	china	chinos	
スペイン人		español		españoles	españolas

★ 次の自己紹介を読み、下線部の語句を変えて、あなた自身の自己紹介を作りましょう。クラスメートに口頭で自己紹介をしましょう（☞ p.1 C）。

¡Hola! Yo me llamo Ana Fernández. Soy española, de Madrid. Soy guía turística. Encantada.

こんにちは。私の名前はアナ・フェルナンデスです。私はスペイン人で、マドリッド出身です。私は観光ガイドです。よろしくお願いします。

1.6 相手を指す表現の使い分け

● 相手との心理的距離の取り方によって表現の異なる場合がよくあります。
● ここでは相手が1人の場合に限定して、言葉遣いを区別していきましょう。

	親しさを表す	礼儀正しさを表す
お元気ですか？	¿Qué tal? / ¿Cómo estás?	¿Cómo está usted?
ごめんなさい。	Perdona. / Disculpa.	Perdone. / Disculpe.
あなたは？	¿Y tú?	¿Y usted?

1 場所を尋ねる・教える

🔊 13

★Aさんは空港で、搭乗ゲート（アルファベットと数字で表示）、搭乗ゲートゾーン（アルファベットで表示）、出口のいずれかを探しています。通りがかりのBさんに、その場所を尋ねます。Bさんは手で示して教えます。ペアになってそのやりとりをしてみましょう。

		A:	Perdone.	声をかける。
	1	A:	Perdone.	声をかける。
	2	B:	¿Sí?	返事をする。
	3	A:	¿La puerta {S1 / S2... S8}, por favor? 次の場合でもトライしましょう。 　Las puertas {A / B... F}（ゲートゾーン） 　La salida（出口）	場所を尋ねる。
	4	B:	Sí. Allí.	手で方向を指しながら答える。
	5	A:	¡Ah, allí! Gracias.	確認し、お礼を言う。
	6	B:	De nada. Adiós.	返事と別れの挨拶をする。

2 相手の名前を確認する

🔊 14

★外国の名前は相手にはわかりにくいものです。つづりを聴いて、書いて確認しましょう。ペアになって、AさんがBさんに名前を尋ねます。Bさんは教えますが、Aさんは間違って聞き取ります。そこで、Bさんがつづりを教え、最後にお互い確認をします。

	1	A:	¿Cómo te llamas?	相手の名前を尋ねる。
	2	B:	Me llamo Jorge.	名乗る。
	3	A:	¿Koluhe?	復唱しようとするが間違える。
	4	B:	No, Jorge.	否定して、訂正する。
	5	A:	¿Cómo se escribe?	つづりを尋ねる。
	6	B:	J – O – R – G – E.	つづりをアルファベットの名称ではっきり言う。
	7	A:	¿Jorge? ¿Está bien así?	自分が書き取ったつづりを見て名前を確認する。つづりを相手に見せてこれでよいか尋ねる。
	8	B:	Sí. Muy bien.	肯定し、OKであると伝える。

1

¡Vamos a salir!

¡Vamos a encontrar cosas y palabras!
（物と言葉をみつけよう！）

街を歩くと、様々な表示を目にします。それが何の表示なのかを理解しつつ発音できると、街歩きが楽しくなります。この課では、書かれたスペイン語を発音できるよう練習しましょう。この課では特に注意を要する事項を取り上げます。

🔊 15

● **En la ciudad de Madrid:**（スペインの首都 Madrid の街中で）

1

2

3

4

5

6

7

8

9

Información
INFORMATION

10

TURRONES Y CHOCOLATES
AUTÉNTICA TRADICIÓN FAMILIAR

11

●次の3点に気を付けましょう。
1) a, e, i, o, u... 基本はローマ字読み。5つの音（特にu）の発音に注意。
2) i, u... 他の母音字と隣り合う時、一気に発音する（「二重母音」）。
3) 英語風にしない。

★次の文字列を発音しましょう。3) から6) は二重母音です。
  1) eo   2) ea   3) au   4) ia   5) ie   6) ui

2.2 子音字の発音 (1) (c, h, l, r, s, y)

●左のページの語句に出てくる注意すべき子音は次の通りです。「母」は母音字を表します。

つづり	発音記号（発音の仕方）	例
ca, co, cu, cl, cr, ct	/k/	calle ❺ / clase
ce, ci	/θ/ あるいは /s/（地域によって異なる）	cena / estación ❻
ch（＋母）	/tʃ/ チャ行。	coche / chocolates ⓫
h（＋母）	hは無音。	hospital / hotel ❼
l	/l/ 舌先を上の歯茎の裏につけたまま声を出す。	alto / sol ❶
ll	/ʎ/ 単独の l と異なる音。舌面を用いる。	paella / calle ❺
語頭の r（＋母） 語中の rr（＋母）	/r̆/ 舌先がふるえる音。	restaurante ❽ / rico arriba / turrones ⓫
語中、語末の r	/r/ 舌先を上の歯茎の裏ではじく。	tirar ❾ / información ❿
s	/s/ 通常は濁らない音。	paseo ❼ / chocolates ⓫
y（単独），(母＋) y	/i/ 母音の i と同じ音だが常に弱く。	y ⓫ / soy

●母音字がなければ発音時に母音（オやウのような音）を入れないようにします。 例) Madrid ❼

★次の文字列を発音しましょう。
  1) ciu   2) cui   3) hay   4) por   5) sus   6) usted

2.3 アクセント (1)

●多くの語は1カ所（母音）にアクセントがあります。母音が2つ以上ある場合、次のような傾向があります。

	語末の文字	アクセント位置	例
1)	母音字、n, s	最後から2番目の母音 [字]	como / comen / comes
2)	n, s以外の子音字（y を含む）	最後の母音 [字]	comer / hotel ❼ / estoy

●二重母音は1つの音として数えます。 Valencia / agua
●二重母音にアクセントが来る場合はa, e, oを強くします。 siete / aire
●これらの規則に合わないアクセント箇所を持つ場合、アクセント記号をつけてその位置を示します*。
  béisbol / María   *大文字の上のアクセント記号は、看板などでしばしば省略される。

★アクセントのある母音字を○で囲み、アクセントをしっかりつけて発音しましょう。
1) metro ❶   2) sol ❶   3) entrada ❷   4) andén ❸   5) farmacia ❹
6) calle ❺   7) estación ❻   8) hotel ❼   9) paseo ❼   10) Madrid ❼
11) restaurante ❽ 12) tirar ❾   13) información ❿ 14) turrones ⓫ 15) chocolates ⓫

¡Vamos a encontrar cosas y palabras!

2.4 子音字の発音 (2) (g, j, ñ, q, v, x, y, z)

つづり	発音記号（発音の仕方）	例
ga, go, gu, gl, gr	/g/	gusta / peligro
gue, gui	/ge/, /gi/　ゲ、ギ。	guía / guitarra
ge, gi	/xe/, /xi/　口の奥から強く息を出す。	gente / página
j	/x/	cajero / Japón
ñ	/ɲ/　ニャ行。	año / mañana
que, qui	/ke/, /ki/　ケ、キ。	aquí / qué
v	/b/　bと全く同じ音。	vida / visitar
x	/ks/（濁らせない） /x/（一部の地名で）	examen / taxi México / Texas
y (＋母)	/j/　ヤ行だが、舌面で摩擦が起きやすくジャ行に近くなる。	ya / yo
z	/θ/あるいは/s/ （地域によって異なる。濁らせない）	plaza / paz

★ つづりと規則に注意して、次の語を発音しましょう。

1) policía　　2) Barcelona　　3) Córdoba　　4) Silvia　　5) González

★ 次の語は、話者から見た「私」「君 (👤)」「あなた (👥)」「彼」などを表す語（「人称代名詞」）です。ペアやグループでいろいろな人を指しながら発音しましょう。

	単数（1人）	複数（2人以上）
話者	yo	nosotros / nosotras（全員女性）
相手	tú 👤 / usted 👥	vosotros 👤 / vosotras（全員女性）👤 / ustedes 👥 *
その他の人	él（男性）/ ella（女性）	ellos / ellas（全員女性）

＊ vosotros, vosotras が用いられるのはスペインのスペイン語。それ以外のほとんどの地域では ustedes（👤 👥 の両方）。

★ あなたの先生は、vosotros を受講生に対して使用するでしょうか？ 確認しましょう。

2.5 アクセント (2)

● 2語以上で意味のまとまり（句）をつくる場合、アクセントのない語が含まれることがあります。

★ 次の句を発音しましょう。下線の語にはアクセントがありません。

1) calle de las Huertas ❺　　2) Paseo del Arte ❼　　3) El Senador ❽
4) turrones y chocolates ⓫　　5) por favor　　6) me llamo

● 規則通りのアクセント位置であるにもかかわらず、記号のついている語もあります。これは、同じ形でアクセントのない別の語と区別するためです。

té 「お茶」 ⇔ te 「君を」「君に」　　　　　qué 「なんと」「何」 ⇔ que （接続詞）

★ 次の句や文を発音しましょう。下線の語にはアクセントがありません。

1) tú y yo　　　　　　　　2) el cinturón de seguridad　　3) en el hotel
4) Me gusta el chocolate.　5) ¿Cómo te llamas?　　　　　6) Léelo, por favor.

1　相手の出身地を尋ねるやりとり

（21）

★ インフォーマルな場面とフォーマルな場面を想定して、表中の人物同士のやりとりを作りましょう。例を参考にして、いろいろな組み合わせを試してください。自分自身や有名人をあてはめることもできます。声、イントネーション、発音を意識してしっかり話しましょう。

氏名	国籍	出身地	氏名	国籍	出身地
Toshio Kuroda	japonés	Osaka	Yumi Takeuchi	japonesa	Shimane
Miguel García	español	Zaragoza	Silvia González	española	Bilbao
Juan Manuel Peña	mexicano	Mérida	Ana María Soto	peruana	Lima
Jorge López	colombiano	Bogotá	Mónica Navarro	argentina	Buenos Aires

Toshio:¿De dónde eres? Silvia: Soy española, de Bilbao. Y tú, ¿de dónde eres? Toshio:Yo soy japonés, de Osaka.	Takeuchi: ¿De dónde es usted? López: Soy colombiano, de Bogotá. Y usted, ¿de dónde es? Takeuchi: Yo soy japonesa, de Shimane.

2　知り合いに会った時の挨拶

（22）

● 挨拶する時には、多くの場合、相手の心身の調子を尋ねるやりとりが続きます。

★ 同じ表内の人物のつもりになって、例のようなやりとりをペアで行いましょう。

Yumi: ¡Hola, Miguel! Miguel:¡Hola, Yumi! ¿Qué tal? Yumi: Muy bien. ¿Y tú? Miguel:Muy bien.	Kuroda: Hola, buenos días, señora González*. González: Buenos días, señor Kuroda. ¿Cómo está usted? Kuroda: Muy bien, gracias. ¿Y usted? González: Muy bien.

＊姓で呼ぶ場合には敬称(señor, señora)をつけるのが普通。ただし、若い人には通常このような呼び方をしない。

3　地名を用いたやりとり

（23）

★ 各自の地図を用い、行ってみたいスペイン語圏の国や都市についてペアでやりとりしましょう。地図上の場所にわかりやすく指をさし、相手と適宜アイコンタクトを取り、アクセントをしっかりりつけて発音しましょう。

1	A:	Quiero visitar México.	自分が訪れたい場所 (地図から地名を選ぶ) を言う。
2	B:	¿Dónde está México?	それがどこにあるか尋ねる。
3	A:	Está aquí.	自分の地図を相手に示して場所を指さして答える。
4	B:	¿Aquí?	自分の地図を相手に示し、指さして確認を求める。
5	A:	Sí. / No, está aquí.	答える。間違っていたら訂正する。
6	B:	Pues yo quiero visitar Buenos Aires.	自分が訪れたい場所 (地図から地名を選ぶ) を言う。
7	[A: ¡Yo también!]		[自分も訪れてみたければ「私も！」と伝える]

※上部ナビゲーション

2

¡Vamos a encontrar cosas y palabras!

¡Vamos a comer! （食事をしよう！）

食事の時間になりました。この課では食べ物や飲み物の名前を「名詞句」として学んでいきます。辞書を準備しましょう。文法の学習を始めるとともに、メニュー表を見て食べ物や飲み物を注文できるようにしましょう。

24

● **En un restaurante:** （レストランで）

3.1 名詞の語彙

★ 次の語は左の写真の食べ物や飲み物の名前です。西和辞典にどのように記載されているか確認しましょう。

pan	❶	agua	❷	vino	❸
aceitunas (← aceituna)*	❹	queso	❺	tortilla	❻
ensalada	❼	espárragos (← espárrago)	❽	chorizo	❾
gambas (← gamba)	❿	mejillones (← mejillón)	⓫	paella	⓬
carne	⓭	pescado	⓮	helado	⓯
naranja	⓰	fresas (← fresa)	⓱	café	⓲

* (←) のあるものについては複数形（カッコ内は単数形）で書かれている。

3

3.2 名詞の性

● 辞書では、上の語の品詞の表示が「名（名詞）」ではなく「男」「女」となっています。

	名詞	意味	意味上の性別	辞書記載（文法上）の性
1)	niño	男の子	男性	男性
	niña	女の子	女性	女性
2)	queso	チーズ ❺		男性
	ensalada	サラダ ❼		女性

● 1）の名詞の意味は自然の性を持ちますが、2）の名詞の意味には性がありません。しかし、いずれも文法上の性を持ちます。多くの場合、単語によってあらかじめ性が決まっています。

● この区別は、その名詞を他の語と組み合わせて用いる際に必要になります。

★ ❶から⓲までの名詞を、次のように男性と女性に分類しましょう。傾向があるでしょうか？

例)	男性名詞	女性名詞
	pan ❶	agua ❷
	vino ❸	aceituna ❹

3.3 名詞の数

● スペイン語の名詞には、英語と同様、単数形と複数形があります。

形	用法	例			
単数形	数えられる物が1つ	fresa	calamar	mejillón	
	数えられない物				queso ❺
複数形	数えられる物が2つ以上	fresas ⓱	calamares	mejillones ⓫	
	種類が2つ以上				quesos

● 複数形の作り方は次の通りです。

1) 単数形の語尾に -s を付加する。　niño → niños / naranja → naranjas
2) 単数形が子音で終わっている場合には -es を付加する。　calamar → calamares
3) アクセント記号やつづりに若干の修正がありうる。　mejillón → mejill<u>o</u>nes / nuez → nue<u>c</u>es

3.4 名詞句 (1) 名詞句とは

● 1つの意味のまとまりを作る語のグループを「句」といいます。典型的には2語以上で1つの句です。
● 名詞が意味の中核（主要部）になっている句を「名詞句」と呼びます。

★ 本書の地図に掲載されている地名で、2語以上になっているものを挙げて発音しましょう。

3.5 名詞句 (2) 「名詞＋形容詞」

★ 写真を見ながら次の句を発音し、語形と語順について気づいたことを述べましょう。

男性名詞の句		女性名詞の句	
vino blanco ❸	白ワイン	agua mineral ❷	ミネラルウォーター
pescado asado* ⓮	焼き魚	ensalada mixta ❼	ミックスサラダ
café solo** ⓲	ブラックコーヒー	paella mixta ⓬	ミックスパエーリャ

＊ asado: 動詞 asar（「焼く」）の過去分詞で受け身的な意味（「焼かれた」）。＊＊ solo:「それだけの」

● 形容詞は名詞で表される物の特徴や状態などを表します。
● 写真❸は「白ワイン」です。「赤ワイン」と区別するため、形容詞 blanco（「白い」）を後続させて名詞句にします。

vino（「ワイン」）	vino blanco（「白ワイン」）
	vino tinto*（「赤ワイン」）

＊「赤い」は通常 rojo だが、ワインの時には tinto という専用の形容詞を用いる。

● 形容詞の語尾は、名詞の性と数によって決まります。このことを「性数一致」といいます。

男性単数形		女性単数形		複数形	
-o	blanc<u>o</u>	-a	blanc<u>a</u>	-os / -as	blancos / blancas
-e	grand<u>e</u>	不変化	grand<u>e</u>	-es	grandes
-(子音)	natural	不変化	natural	-(子音) +es	naturales

★ 次の名詞にカッコ内の形容詞を正しい形で付け加え、名詞句を作りましょう。意味も確認しましょう。

1) carne (asado)　　　2) jamón (ibérico)　　　3) queso (fresco)

4) tomates (grande)　　5) patatas (frito)　　　6) zumo (natural)

3.6 名詞句 (3) 「名詞＋前置詞＋名詞［句］」

★ 写真を見ながら次の句を発音し、語の並び方と意味の関係を確認しましょう。

1)	agua mineral sin gas ❷	炭酸なしのミネラル・ウォーター
2)	tortilla de patatas ❻	ジャガイモのトルティーリャ（スペイン風オムレツ）
3)	gambas al ajillo ❿	エビのアヒージョ（ニンニク仕立ての炒め煮）

● 名詞句で用いられやすい前置詞　de, con, sin, a[l], en
● al, a la は前置詞と定冠詞（☞ p.24, 5.3）の組み合わせです。料理名でよく用いられます。
● 「前置詞＋名詞［句］」はその前にある名詞と性数一致の関係がありません。

★ 次の名詞句の意味を辞書やインターネットを利用して確認し、イメージしながら発音しましょう。

1) sopa de ajo　　　　2) zumo de naranja　　　3) helado de chocolate

4) café con leche　　　5) pollo a la plancha　　　6) calamares en su tinta*

＊ en su tinta の su は、ここでは「自分（calamares 自身）の」という意味。

1 レストランで定食を注文する

スペインの昼食は一日の食事の中心です。レストランでは、多くの人が定食 (menú del día) を注文します。

定食は、通常、前菜 (primer plato)、主菜 (segundo plato)、パン、飲み物、食後の一品です。パン以外は客が選びます。

右のメニューでは、飲み物の選択肢が書かれていません。通常次の中から指定します。

agua mineral sin gas
agua mineral con gas
vino blanco ／ vino tinto
cerveza

食後の一品は、デザート (postre) あるいはコーヒー (café) です。

★ ペアで、給仕 (camarero) と客 (cliente) のやりとりを作ってみましょう。客は、品名の後に、適宜 "por favor" をつけるとより丁寧です。次のやりとりでは、給仕がA、客がBです。

Menú del día

Primer plato
-Ensalada mixta
-Espárragos a la plancha
-Sopa de lentejas con chorizo

Segundo plato
-Pollo asado
-Salmón en salsa de tomate
-Huevos fritos con jamón
 ibérico

Postres
-Helado de chocolate
-Naranja

1	A:	¿Qué va a tomar?	給仕が注文を尋ねる。
2	B:	El menú del día, por favor.	客が定食を注文する。
3	A:	Muy bien. ¿De primero?	給仕が返事をし、前菜を尋ねる。
4	B:	Ensalada mixta.	客が選んで答える。
5	A:	¿Y de segundo?	給仕が主菜を尋ねる。
6	B:	Pollo asado.	客が選んで答える。
7	A:	¿Y para beber?	給仕が飲み物を尋ねる。
8	B:	Agua mineral sin gas.	客が選んで答える。
9	A:	¿Postre o café?	給仕が食後の一品について尋ねる。
10	B:	Helado de chocolate, por favor.	客が選んで答える。コーヒーの場合ブラックかカフェオレかも。
11	A:	Muy bien.	給仕が返事をする。

2 メニューを作る

★ この課で出てきた語句を組み合わせて、自分でメニュー表を作ってみましょう。実際に存在する料理かどうか、インターネットで検索して確かめてみましょう。

¡Vamos a comer!

3

¡Vamos a hacer compras! 〈賞い物をしよう！〉

買い物をしましょう。よいお土産もみつかるといいですね。この課では、数量を表す語を学び、
名詞句の全体像をつかんでいきます。

🔊
29

● En mi cartera: （私の財布の中）

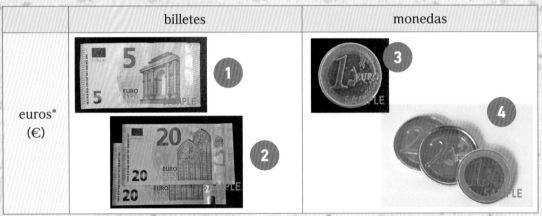

	billetes	monedas
euros* (€)	1 2	3 4

＊実際には補助通貨 céntimo[s] がある。

● En las tiendas y mercados: （お店や市で）

	男性名詞	女性名詞
単体	22€ — 5 5€ — 6 15€* — 7	16€ — 8 17€* 9 20€* — 10
計量単位 容器	8€ — 11	4€* — 12

＊複数あるものは合計金額。

4.1 基数詞（0 – 100）

0 cero				
1 uno, un, una	2 dos	3 tres	4 cuatro	5 cinco
6 seis	7 siete	8 ocho	9 nueve	10 diez
11 once	12 doce	13 trece	14 catorce	15 quince
16 dieciséis	17 diecisiete	18 dieciocho	19 diecinueve	20 veinte
21 veintiuno, veintiún, veintiuna 22 veintidós 23 veintitrés ...				30 treinta
31 treinta y uno (un, una) 32 treinta y dos 33 treinta y tres ...				40 cuarenta
				50 cincuenta
				60 sesenta
				70 setenta
				80 ochenta
				90 noventa
				100 cien

- 一の位が「1」の時、男性完全形、男性短縮形（語尾 -o が脱落）、女性形が
  あります。
- 一の位にアクセントがあるため、記号に注意します。

★ クラスメートと一緒に数詞を発音して覚えていきましょう。

4.2 基数詞の用法 (2)「基数詞＋名詞」

- 「(下一桁) 1」は名詞の性に従って、男性短縮形もしくは女性形を用います。
- ペアで 1 つの物の場合、uno / una の複数形 (unos / unas) を用います。

un billete ❶	una moneda ❸	cinco euros ❶	unos zapatos
dos billetes ❷	tres monedas ❹	cuarenta euros ❷	unas gafas

★ 次の名詞の前に「1 つの」を表す語を入れて、名詞句を作りましょう。
  1) (   ) euro ❸   2) (   ) libro ❺   3) (   ) camiseta ❽   4) (   ) castañuelas ❾

★ 写真❻から❿について、番号の品物を「基数詞＋名詞」で表現しましょう。

★ 写真❺から⓬について、品物の金額を表現しましょう。

- 切り取られた物や液体などは、「量」を計量単位や容器を用いて示すことができます。

量の示し方	数 ＋ 計量単位 ＋ de ＋ 物	数 ＋ 容器（＝単位）＋ de ＋ 物
名詞句の例	cien gramos de queso ⓫	dos botellas de agua ⓬

- 液体であっても状況的にわかれば容器は示されません。
  un café 「コーヒー 1 つ（1 杯のコーヒー）」

4.3 不定数量詞

- 数を正確に言わない場合、不定数量詞を用います。数量詞の語尾は名詞の性と数に一致します。

		男性名詞	女性名詞
数えられる物	「いくつかの…」	unos pañuelos ❼	unas camisetas ❿
	「たくさんの…」	muchos libros	muchas camisetas
数えられない物	「たくさんの…」	mucho dinero	mucha agua ⓬

¡Vamos a hacer compras!

4

4.4 人を表す名詞

● 次の3つのパターンがあります。指示対象の人物の性別と文法上の性別との関係に注意しましょう。

1	2	3
amigo / amiga 「友人」 camarero / camarera 「給仕」 dependiente / dependienta 「店員」 profesor / profesora 「教師」 padre / madre 「父」「母」	estudiante 「学生」 cliente 「(店の)客」 turista 「観光客」 guía 「案内人」 recepcionista 「受付係」	**男性名詞** miembro 「メンバー」 **女性名詞** persona 「人」 gente* 「人々」
男女異形。本人の性別を語尾で表す語が多い。	男女同形。本人の性別が文法上の性となる。	本人の性別に関係なく文法上の性が決まっている。

＊gente の指示対象は複数の人物。しかし、単数形であれば文法上単数の扱いとなる。

● 1 と 2 では、複数形の場合、男性の人物が含まれれば男性の扱いになります。

veintiún estudiantes 「21人の学生（男性含む）」, muchas clientes 「多くの客（女性のみ）」

★ 次の日本語からスペイン語の名詞句を作ってみましょう。
  1) 1人の友人(男)　　2) 2枚のTシャツ　　3) オレンジ1キロ (kilo)　　4) たくさんの女性観光客

4.5 名詞句の基本構造

● ここまで学んできた名詞句は、次のような基本構造にまとめられます。

名詞句		
導入部	主要部	補足部（修飾部）
数量の表現	中心となる名詞	「どんな（形容詞）」 「何の（前置詞＋名詞句）」
un	turista	japonés
cinco	camisetas	negras
unos	profesores	de español
muchos	libros	en español

● dos botellas de agua（「2ボトルの水」）は、この構造の応用と言えます。
● **1.5**（p.4）で学んだ国籍の表現「～人」はそのまま、名詞と性数一致する形容詞としても用いられます。また、男性単数形は、言語名も表します。 japonés 形日本の、名日本人、男日本語

★ 次の名詞句を日本語からスペイン語にしましょう。
  1) 1枚の黒いTシャツ　　　　　2) 3本の白ワイン　　　　　3) チョコアイス2つ
  4) 1人のスペイン語教師 (女性)　5) たくさんの日本人学生　6) イベリコ豚のハム 100g

● 接続詞 y は2つ以上の要素をつなぐはたらきを持ちます。

2つの名詞句をつなぐ	dos carteras de piel y un bolso de tela
3つ以上の名詞句をつなぐ	una caja de madera, dos llaveros de metal y tres platos de cerámica

★ これまで習った語句を組み合わせて、いろいろな名詞句を作ってみましょう。

1 お土産を買う

🔊 32

★ あなたは次の物のうち何かを買うことにしました。

品名	物	単価*	品名	物	単価
llavero		7€	plato de cerámica		18€
libro de la Sagrada Familia		26€	caja de taracea		15€

＊実際には商品に対して付加価値税（I.V.A）が加算される。

欲しい物を決めたら、ペアで店員 (dependiente：D) と客 (cliente：C) の役を分担し、次のようなやりとり (👥) をしましょう。次の例では、商品がbolso（バッグ）で、上の表にはありません。

1	D: ¡Hola, buenas tardes!	店員が挨拶する。
2	C: Hola. ¿Tienen bolsos*?	客も挨拶をし、「～がありますか」と尋ねる。
3	D: Sí. Pase por aquí, por favor. Mire.	店員が肯定し、「こちらにお越しください。ご覧ください。」と案内し、上の品物を見せる。
4	C: Me gusta. ¿Cuánto cuesta?	客は品物を気に入り、値段を尋ねる。
5	D: Cuarenta y seis euros.	店員が値段を答える。
6	C: De acuerdo. Me {lo/la}** llevo.	客は了解し「これ (esto) にします」と言う。
7	D: Cuarenta y seis euros, por favor.	店員が了解する。支払うべき金額を伝える。
8	C: (...) Aquí tiene. Cincuenta.	客は言葉を添えて支払う。
9	D: Gracias. (...) Aquí tiene, y la vuelta.	店員がお金を受け取り、品物とお釣りを渡す。
10	C: Gracias. Hasta luego.	客がお礼を言って別れの挨拶をする。
11	D: Muchas gracias a usted. Hasta luego.	店員が丁寧に返礼し、別れの挨拶をする。

＊ 複数形で。 ＊＊ 男性名詞ならlo、女性名詞ならlaを選ぶ。この用法は **11.2** (p.51) で学ぶ。

2 バルで飲み物を注文する

● バルなどで軽く飲食する場合には、客が自分で数詞をつけて注文します。

★ 5～6人のグループに分かれ、一人がバーテンダー (camarero)、その他が客 (cliente) の役をします。客は各自、次の飲み物から1つ選びます。代表者が取りまとめて、バーテンダーに "..., por favor." と言って注文します。バーテンダーは復唱して注文内容を確認しましょう。

café solo　　　café con leche　　　té de manzanilla　　　té con limón

¡Vamos a hacer compras!

4

Más allá (1)

A 動詞の意味

第1部では「名詞句」を中心に文法を学びましたが、簡単なやりとりには動詞も出てきました。**Más allá (1)** では、「動詞」と「文」の基本事項を学びましょう。

本書で学ぶ動詞のうち代表的なものをいくつか紹介します。

ser	AはBである
tener	AはBを持っている
dar	AはBをCに与える
ir	AはBに行く

スペイン語の動詞に直接対応する日本語は下線の部分です。しかし、それぞれの動詞の意味は、A、Bなどの要素との組み合わせがあってはじめて、メッセージの中で有効になります。文は、動詞を中心に、その動詞の意味に従ってA, B (, C...) という要素が加わって作られていきます。

★ 次の動詞の意味を辞書で調べ、上と同様に、A, B...（あるいは「誰が」「何を」「どこに」…）をつけて述べてみましょう。

1) comer   2) comprar   3) estudiar   4) llegar   5) vivir

B 動詞の原形

上の動詞はいずれも辞書で見出し語として掲載されている形（原形）です。一定の特徴があることに気づきましたか？

動詞の原形の語尾は次の3つのパターンのみです。

原形の語尾	動詞の名称	動詞の例
-ar	ar動詞	comprar / dar / estudiar / llegar
-er	er動詞	comer / ser / tener
-ir	ir動詞	ir / vivir

★ 次の写真内で動詞原形を探し、意味を調べましょう。

1)	2)	3)	4)
サッカーミュージアムの出口付近	バルのドア (☞ p.6 ❾)	地下鉄の入り口	列車のドア

● 動詞の前にnoがある場合、否定の意味となります。

● 上の写真のような表示で用いられている動詞原形は、指示や禁止（noを伴う）の意味を表します。

C 動詞の形の分類

それぞれの動詞は、実際には非常にたくさんの形を持ちます。初心者は、必要に応じて動詞活用表を利用しながら、よく使われる形から覚えていけばよいでしょう。

動詞の形は次のように分類することができます。

分類	特徴	形の種類	動詞 hablar / comer の場合	
人称形	主語の人称・数によって6通りに変化する。	例）1人称単数形 　　1人称複数形	hablo hablamos	como comemos
非人称形	6通りの変化をしない。	原形（不定詞） 現在分詞 過去分詞	hablar hablando hablado	comer comiendo comido

- 上の人称形は、動詞活用表で見るように、さらに多くの形を持ちます。
- 非人称形のうち原形と現在分詞は不変化。過去分詞は形容詞と同様、性数によって4通りの形があります（☞ p.12, **3.5**）。
- 非人称形の用法は英語の原形、現在分詞、過去分詞の用法と似ています。英文法がある程度わかれば、その知識をあてはめてある程度理解できるでしょう。

★ 右の写真の表示で、原形と過去分詞を探してみましょう。意味を辞書で調べましょう。

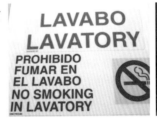

D 文

本書では、次の3つを満たすものを、（完全な）「文」と呼びます。
- a) 相手に理解できるメッセージが表現されていること。
- b) 話しことばでは、休止と休止の間にある発言のまとまり。
  書きことばでは、大文字で始まり、「.」「?」「!」のいずれかで終わるまとまり。
- c) 基本的には、動詞人称形が最低1つ存在する。

次の1), 2), 3)が「文」かどうか、上のa), b), c)の基準に照らして確認してみましょう。

	スペイン語	その意味（日本語）	a)	b)	c)
1)	un libro interesante	「1冊のおもしろい本」*	×	×	×
2)	Un café, por favor.	「コーヒー一杯お願いします。」	○	○	×
3)	Yo soy japonés.	「私は日本人です。」	○	○	○

＊「本はおもしろい」ではない。

下線部は動詞人称形です。多くのメッセージは、3)のように動詞人称形を含んでいます。今後はそのような（完全な）「文」を中心に学んでいきましょう。

E 動詞人称形と主語との関係

　動詞が文の中心になる時、法・時制・主語の人称と数という３つの基準で１つの形（「人称形」）に決まります。スペイン語に慣れるまでは、人称形のうち「直説法現在形」に絞って学びましょう。

　動詞の主語の人称・数の組み合わせは、下の表のように６通りとなります。主語を人称代名詞で表すと、主語と動詞人称形との関係がより明確になります。

主　語			動　詞			
（本来の）人称	数	人称代名詞（主格）	ser	tener	ir	（動詞の）人称
1人称（話者自身）	単数	yo	soy	tengo	voy	1人称単数形
2人称（相手）		tú 🛉	eres	tienes	vas	2人称単数形
		usted 🛉🛉	es	tiene	va	3人称単数形
3人称（その他）		él / ella				
1人称（話者を含む）	複数	nosotros / -as	somos	tenemos	vamos	1人称複数形
2人称（相手を含む）		vosotros / -as 🛉	sois	tenéis	vais	2人称複数形
		ustedes 🛉🛉, 🛉🛉	son	tienen	van	3人称複数形
3人称（その他）		ellos / ellas				

● 相手は本来２人称です。しかし、親しい関係（🛉）として扱う場合には動詞が２人称形であるのに対し、距離をとり礼儀を示す関係（🛉🛉）として扱う場合には、動詞は３人称形を取ります。このため、文法の説明では、usted, ustedes は３人称に分類されていることが多いです。
● vosotros の系列はスペインのスペイン語です。ustedes はアメリカスペイン語では 🛉 を兼ねます。
● 主語の指示対象が自明と判断された時には、主語は通常省略されます。動詞の形に指示対象が暗示されているためです。逆に、指示対象を明確にする時には明示し、はっきり発音します。

F 文の種類

● 肯定文と否定文：動詞人称形の前に no を置くと否定文になります。
　　Yo **soy** japonés.
　　María **no es** española.

● 疑問文と応答文：次の３種類が基本です。
　1）"Sí", "No" で答えてもらう。
　　　　¿**Tienes** hermanos?　—Sí, **tengo** un hermano menor. / No, **no tengo** hermanos.
　2）答えを選択してもらう。接続詞 o を用いる。
　　　　¿**Sois** chinos o japoneses?　—**Somos** japoneses.
　　　　¿**Son** ustedes chinos o japoneses?　—**Somos** japoneses.
　3）疑問詞を用いて尋ねる。
　　　　¿**De dónde eres**?　—**Soy** de Japón.
　　　　¿**Adónde vais**?　—**Vamos** a España.

SEGUNDA PARTE
第2部　スペインを巡ろう!

●●● 第2部のねらい ●●●

教室でのやりとり	旅のスペイン語
A 近くの人や物について説明しよう。	Unidad 5 持ち物を言葉で確認しよう。
B クラスメートや先生の居場所を伝えよう。	Unidad 6 見どころについて話そう。
C 互いのプロフィールを知り合おう。	Unidad 7 旅先での行動を説明しよう。
D 授業中のリアルな発言をしてみよう。	Unidad 8 希望・必要性・予定を伝えよう。

	基本的なセリフ	バリエーション
A 🔊33	Este [chico] es Makoto. Esta [chica] es Yuka. Este es mi bolígrafo. / Esta es mi goma. A: ¿De quién es este bolígrafo? B: Es mío.	**話者の近くの人や物** • 指している物の名詞を意識 　　este [libro], estos [libros] 　　esta [mesa], estas [mesas] **「私の (物)」** 　　単数：mi + 名詞 / mío / mía 　　複数：mis + 名詞 / míos / mías
B 🔊34	A: ¿Cuántos estudiantes hay en esta aula? B: Hay veintidós estudiantes. A: ¿Dónde está el profesor? B: Está ahí. A: ¿Dónde está Satoru? B: Está a la izquierda de Mayumi. Hiroshi no está. Está ausente hoy.	**教室内にいる人・ある物** 　　estudiantes / mesas / sillas **指定された人の居場所** • 身振りをまじえて場所をざっくり示す。 　　aquí / ahí / allí • 何かを基準として隣・前後・左右で示す。 　　junto a ... 　　a la derecha de ... 　　a la izquierda de ... 　　delante de ... / detrás de ... • 出席・欠席　presente / ausente
C 🔊35	A: ¿Dónde vives ahora? B: Ahora vivo en Kioto. A: ¿Qué haces en tu tiempo libre? B: Juego al fútbol en un club. A: ¿Trabajas a tiempo parcial? B: Ahora no trabajo, pero quiero trabajar.	**動詞の直説法現在形（1単・2単）** （下表参照）
D 🔊36	¡Vamos a empezar! / ¡Vamos a terminar! No entiendo bien. Otra vez, por favor. Profesora, tengo una pregunta. ¿Puede[s] {poner/apagar} el aire acondicionado? ¿Podemos usar el móvil? ¿Puedo ir al baño?	（下表参照）

trabajar	estudiar	comer
trabajo trabajas	estudio estudias	como comes

vivir	hacer	querer
vivo vives	hago haces	quiero quieres

jugar	tener	poder
juego juegas	tengo tienes	puedo puedes

ser	estar	ir
soy eres	estoy estás	voy vas

¡Vamos a preparar el viaje! (旅の準備をしよう1)

2回目のスペイン旅行にでかけましょう。まずは、出発前も旅行中も、持ち物をしっかり確認しなければなりません。この課では、まず、特定の実物を他の物と区別して示す名詞句、次に文を作っていきます。

5.1 実物を距離で指定する：指示詞

- 実物を指して言う時には、話者からの距離を3種類で区別します。
- esto, eso, aquello は、名前がわからない時や、全体をざっくり示す時に用いる代名詞です。文法上の性を持たず（中性）、常に単数形です。

★ クラスメートとペアになり、今見えている実物を指しながら、指示詞で表現しましょう。

- 「この本」「その消しゴム」のように、実物の名前を含めて表現する場合には、「指示詞（導入部）＋名詞（主要部）」という名詞句の構造になります。指示詞は主要部の名詞に性数一致します。

名前なし	中性	常に単数形	近 esto	中 eso	遠 aquello
libro	男性	単数形	este libro	ese libro	aquel libro
goma	女性	単数形	esta goma	esa goma	aquella goma

- 指示詞の複数形は、男性ではそれぞれ estos, esos, aquellos、女性では単数形に -s をつけます。

★ 左のページの写真の物についても、名詞の性を調べ、上の表と同じような名詞句を作りましょう。

1) pasaporte ❶   2) dinero* ❷   3) cartera ❸   4) móvil ❹   5) reloj ❺
6) cámara ❻   7) tarjeta de embarque** ❼   8) billete de tren*** ❽
9) mapa ❾   10) chaqueta ❿   11) mochila ⓫   12) maleta ⓬

＊dinero は複数形にならない。   ＊＊「[飛行機の] 搭乗券」 ＊＊＊「列車の乗車券」

5.2 実物を所有者で指定する：所有詞（弱形）

- 名詞句の導入部に所有詞（弱形）を用いて、実物を指定することもできます。

		持ち主（1人の場合）		
		話者	相手（ 👤 ）	相手（👤👤）・第3者
持ち物（単数の場合）	pasaporte ❶	mi pasaporte	tu pasaporte	su pasaporte

- 持ち主が単数の場合、男女同形です（持ち主が複数の場合 ☞ p.78, 補遺1）。
- 持ち物が複数の場合、所有詞も名詞に合わせて複数形にします。 mis zapatos

★ 左のページの他の物についても、上の表と同じような名詞句を作りましょう。

★ 今あなたの身の回りにある物を表す次の名詞に、指示詞や所有詞(弱形)をつけ名詞句にしましょう。

1) bolígrafo   2) portaminas   3) goma   4) manual   5) estuche
6) regla   7) diccionario   8) bolso   9) mesa   10) silla

¡Vamos a preparar el viaje!

5

5.3 実物を指定する他の方法：定冠詞

● 定冠詞は英語のtheにあたるものです。名詞句を実物指定しているものとして表す時に用います。
● 定冠詞は主要部の名詞に性数一致します。

	名詞句（単数）			名詞句（複数）		
	導入部	主要部	補足部	導入部	主要部	補足部
男性	el	pasaporte	de Makoto	los	zapatos	de Makoto
女性	la	cartera	de Makoto	las	gafas	de Makoto

★ 「導入部（定冠詞）＋主要部（名詞）＋補足部」の構造を用い、例のような名詞句を作りましょう。
大文字・小文字の別、前置詞deの有無については、先生に尋ねるかネット検索をして確認しましょう。

主要部の名詞	名詞句の例
大学 (universidad) / 学部 (facultad)	la Universidad Taiyou / la Facultad de Economía
県 (prefectura) / 市 (ciudad)	la prefectura de Nagano / la ciudad de Matsumoto
駅 (estación) / 空港 (aeropuerto)	la estación de Tokio el Aeropuerto Internacional de Kansai

5.4 動詞serを用いた文と疑問詞

● 動詞serの3人称単数形esを用いて、疑問詞を用いた質問とその答えを表す文ができます。

	疑問の部分	質問（疑問文）	その答え（応答文）
1)	「何」？	¿Qué es esto?	Es un mapa de Toledo.
2)	「どれ」？	¿Cuál es tu pasaporte?	Es este.
3)	「誰」？	¿Quién es este chico?	Es mi hermano menor.
4)	「誰の物」？	¿De quién es este móvil?	Es de Makoto.

● 1) の答えでは、物の種類を述べているので、導入部が実物指定ではありません。
● 2) の答えでは、実物を指定しています。pasaporteは省略されています。

★ 上の表のグレーの部分を既に習った他の語句に置き換えて、質問と答えのセットを作りましょう。
ただし、4) の答えで所有者が「私」「君」などの場合は、次の**5.5**を学んだ後で作りましょう。

5.5 話題になっている物の所有者を示す：所有詞（強形）

● 所有者のみを伝えたり所有者を強調する場合、所有詞の強形を用います。アクセントを持ちます。
● 所有詞（強形）は実物を表す名詞に性数一致します。主語にするには定冠詞をつけます。

私の（物）	君の（物）	彼の・彼女の・あなたの（物）
mío	**tuyo**	**suyo**

¿De quién es este móvil? —**Es mío.**
Esta maleta **es mía.** ¿Cuál es **la tuya**? —**La mía** es aquella.

1 持ち主は誰？

★ 3〜4人のグループになり、各自の文房具など持ち物をまとめて1つの机の上に置きます。メンバーが順番に1つ取り上げ、持ち主を告げたり質疑応答したりして、持ち主に戻しましょう。

　例）　Esa regla es mía.

　　　　¿Esta goma es tuya?　—Sí, es mía. / No, no es mía.

　　　　¿De quién es este estuche?　—Es de Kiyomi.

2 持ち物はどれ？

★ 3〜4人のグループになり、全員が1つずつ持っている物（例えば教科書）をまとめて1つの机の上に置きます。自分の物がどれかを告げたり質疑応答したりして、持ち主に戻しましょう。

　例）　Mi manual es ese.

　　　　¿Cuál es el tuyo, Jun?　(el tuyo = tu manual)　—El mío es este.

3 ホテル受付での簡単なやりとり

★ ペアで役を決め、次の4つの状況を想定し、ホテルの受付係(recepcionista: R)と宿泊客(huésped: H)とのやりとり（🚶🚶）をしましょう。実物に見立てた物を使いながら行い、適宜挨拶やお礼のことばも添えましょう。

1)	チェックイン時、パスポートを渡す	R: Su pasaporte, por favor.	パスポートを求める。
		H: Aquí tiene.	パスポートを渡す。
2)	チェックイン時、書類にサインする	R: Su firma aquí, por favor.	書類にサインを求める。
		H: ¿Aquí?	サインの場所を確認する。
		R: Sí, ahí.	肯定する。
		H: De acuerdo. (....) Ya está.	了解しサイン。書類を返す。
3)	外出先から戻り、鍵を受け取る	H: La llave de la habitación 401, por favor.	401号室の鍵を求める。
		R: Sí. (...) Aquí tiene.	返事し、鍵を取って渡す。
4)	チェックアウト後に外出して戻った際、預けておいたスーツケースを引き取る	R: ¿Cuál es su maleta?	スーツケースをいくつか示してどれかを尋ねる。
		H: Es aquella, la azul*.	実物を指定する。
		R: ¿Esta?	近づいて確認を求める。
		H: Sí, esa.	肯定する。

　　　　* "la [maleta] azul" の maleta が省略されている。色を表す形容詞を変えてみよう。

■ azul / ■ rojo / □ blanco / ■ negro / ■ gris / ■ marrón / ■ verde / □ amarillo

4 持ち物に注意！

★ グレーの部分をいろいろな名詞句に変えながら、持ち主に注意してあげましょう。

A:	¡Cuidado! ¡{Ese / Tu 🚶 / Su 🚶🚶 / El} pasaporte!	パスポートに注意を喚起する。
B:	¡Uy! Gracias.	気づいて驚く。お礼を言う。
A:	De nada.	返答する。

¡Vamos a aprender de España! （スペインについて学ぼう！）

この課では、スペイン各地の主な地名や観光名所を概観します。どこにどんなものがあるか、有名な建築物がどこにあるか、それはどんな特徴かを表現しましょう。動詞 hay, ser, estar の用法の区別に気をつけましょう。形が複雑なので、動詞人称形が単数形の場合のみを扱います。

Mapa de España

¿Dónde está?

¿Qué hay?

¿Cómo es?

¿Qué es?

6.1 動詞 hay, estar, ser を用いて場所や建造物について述べる

41

6.1.1 hay を用いた文：物の存在を表す

● どんな物が存在するかを表す文を作るには、動詞haberの3人称単数の特殊形hayを用います。
● 存在する物は、基本的には数量を表す名詞句です。文法上の主語ではありません。

動詞 hay		名詞句（存在物 ¿qué / cuántos ＋名詞 ?）	補足要素（場所　¿dónde?）
[no]	**hay**	tres países muchos {sitios / lugares} bonitos muchas iglesias antiguas un parque grande	aquí / ahí / allí en {la península ibérica / España} en [la ciudad de] Toledo ❸ cerca del Museo del Prado ❷

● 要素の順番は「hay ＋ 存在物」とすること。補足要素はその前後となります。

En España **hay** muchas iglesias antiguas. / **Hay** muchas iglesias antiguas en España.
¿Qué **hay** cerca del Museo del Prado? —**Hay** un parque grande.
¿Cuántas comunidades autónomas* **hay** en España? —**Hay** diecisiete.

＊ comunidad autónoma：「自治州」

6.1.2 estar を用いた文：指定された物の所在地を表す

● 実物指定された物がどこにあるかを表す文では、動詞estarが用いられます。

主語	動詞 estar		補足要素（所在地　¿dónde?）
Granada el Museo del Prado ❷ la Alhambra ❺ la Mezquita ❹ la Sagrada Familia ❶	[no]	**está**	[bastante / muy] {cerca / lejos} de Madrid en Andalucía en {Madrid/Barcelona/Córdoba/Granada} en el {centro / este / oeste / sur / norte} de España al {este / oeste / sur / norte} de Madrid

● 形容詞や副詞の表す意味の度合いを、un poco, bastante, muy などで表すことができます。

Granada **está** un poco lejos de Córdoba.
La Mezquita **no está** en Granada. **Está** en Córdoba.
Granada **está** en el este de Andalucía.
¿Dónde **está** Toledo? —**Está** al sur de Madrid.

6.1.3 ser を用いた文：指定された場所・物の属性を表す

● 指定された場所や物が何であるか・どういう特徴かを述べる文では、動詞serが用いられます。

主語	動詞 ser		補足要素
este edificio Madrid / Barcelona Toledo ❸ el Museo del Prado ❷ la Sagrada Familia ❶ la Mezquita ❹ la Alhambra ❺	[no]	**es**	名詞句（A＝B）¿cuál? と ¿qué? la catedral de Córdoba la capital {de España / de Cataluña} 名詞句（A⊂B）¿qué? una ciudad [muy] {grande / bonita / histórica} un monumento histórico [muy] {famoso / original} 形容詞［句］（AはBという特徴を持つ）¿cómo? [muy] {grande / alto / bonito / famoso}*

＊補足要素の形容詞は主語に性数一致する。

Madrid **es** la capital de España. / ¿Qué **es** la Mezquita? —**Es** la catedral de Córdoba.
¿Cómo **es** la Sagrada Familia? —**Es** muy alta. **Es** un monumento histórico muy original.

★ **6.1**の3つの表や地図を利用し、hay, estar, ser を用いていろいろな文を作りましょう。

42

6.2　動詞estar を用いて物について述べる

● 指定された物の所在地や状態を、動詞estar を用いて表すことができます。

主語	動詞estar	補足要素
mi pasaporte / tu móvil la llave de la habitación el baño / la entrada / la salida el café / la sopa / este flan la puerta / la ventana la tienda / el museo este asiento / esta mesa	[no]　está	場所 ¿dónde? aquí / ahí / allí / a la derecha / a la izquierda en la maleta / en el bolso / sobre la mesa 状態 ¿cómo? [muy / demasiado] {caliente / frío} bueno / dulce / picante / salado abierto / cerrado / libre / ocupado

¿Dónde **está** mi pasaporte? —¿Tu pasaporte? **Está** sobre la mesa.
El baño **está** al fondo, a la izquierda. / ¿Cómo **está** la sopa? —**Está** muy buena.

6.3　動詞ser を用いて現在の時刻について述べる

6.3.1　時刻の表し方

● 「時（女性名詞扱い）」と「分」をy でつなぎます。「時」のみ定冠詞がつきます。
● もうすぐ次の「時」になる時は、menos を用いて逆算して言うこともあります。
● 「朝の」「昼の」「夜の」という補足部をつけて午前と午後を区別することもあります。

時 (horas)		分 (minutos)	朝・昼・夜	menos　　　y
la una		cinco	de la mañana	
las dos	y	diez		cuarto　　　cuarto
las tres		cuarto	de la tarde	
...	menos	veinte		
las doce		media ...	de la noche	media

la una　/　las dos y diez　/　las tres y cuarto
las nueve y media de la mañana　/　las diez menos cinco de la noche

★ 写真の時計の時刻を言ってみましょう。

6.3.2 今の時刻を尋ねる・伝える

● 動詞 ser を 3 人称形で用います。1 時台は単数形、それ以外は複数形です。

¿Qué hora **es**? —**Es** la una y cinco. / **Son** las dos y veinte, más o menos.

● "más o menos" は「＋あるいは−」という意味です。だいたいの数を表す時によく用いられます。

★ **6.3.1** の写真の時計の時刻を「今の時刻」として尋ねたり答えたりしましょう。

6.4 動詞 ser, estar を用いて人について述べる

● 人が主語の場合、動詞人称形に十分注意しましょう。

6.4.1 ser を用いた文：指定された人の出身地・性格などを表す

主語	動詞 ser		補足要素
[yo]		soy	本人指定　¿quién?
[tú 🏃]		eres	Antonio / el señor López
[usted 🏃🏃] Antonio / el señor López Elena / la señora Vega el profesor Martínez mi hermano [mayor / menor] este [chico / señor] / [él / ella]	[no]	es	国籍・出身地 ¿de dónde? japonés / español / de Tokio 職業・身分など estudiante / profesor / turista 特徴・性格など ¿cómo? [muy] alto / amable / alegre / simpático

Soy japonés. / ¿De dónde **eres** tú? —Yo **soy** española. / El señor López **no es** profesor.
¿Quién **es** este chico? —**Es** Antonio. Es un amigo mío. Es muy alegre.

6.4.2 estar を用いた文：指定された人の居場所や心身の状態を表す

主語	動詞 estar		補足要素
[yo]		estoy	居場所 ¿dónde?
[tú 🏃]		estás	aquí / ahí / allí / en Toledo / en la estación
[usted 🏃🏃] Manuel / [él] la profesora Pérez / [ella]	[no]	está	en el aula A25 / en clase / en la biblioteca 心身などの状態 ¿cómo? [muy] bien / [un poco / muy] mal resfriado / enfermo / cansado / contento / aburrido

¿Dónde **está** el recepcionista? —**Está** allí. / ¿**Estás** en el aula A25? —No, **estoy** en el aula A26.
¿Cómo **estás**? —Estoy bien. / ¿**Está** usted cansada? —Sí, **estoy** un poco cansada.

¡Vamos a practicar!

★ この教科書の地図やインターネット上の情報を用いて、スペインのいろいろな場所についてクラスメートと質疑応答しましょう。

★ 先生の出身地や好きなスペイン語圏の場所についての話を聞きましょう。理解できますか？

¡Vamos a conocer dos ciudades! （2つの都市を知ろう！）

この課では、スペインの2大都市を訪ね、いろいろな事をしてみましょう。Madrid, Barcelona
の市街図があると便利です。まず、動詞の原形と補足要素を用いて、基本的な行為を表現します。
次に、原形を直説法現在形にして文を作ります。

7.1 旅行者の行為や経験を表す動詞と補足要素

● 動詞は通常、その意味に従って主語（「誰が」）の他に「何を」「どこで」などの補足要素を伴います。
7.1 では、完全な文を作る前の準備として、動詞と補足要素の組み合わせを見ていきます。

★ 次の表は、それぞれの行を横に読むことで、左のページの写真に関連した行為や経験を表します。
辞書を用いて動詞や補足要素の単語（前置詞に注意）を調べ、意味を明らかにしていきましょう。
固有名詞はインターネットなどで調べましょう。

動詞	補足要素（直接目的語）¿qué?	補足要素（場所を表す補語）¿dónde?	
esperar	el metro		⑩
visitar	el Museo Reina Sofía		❸
comprar	un jersey	en una tienda	❺
escuchar	música en vivo	en el Palacio de la Música Catalana	⑯
tomar	chocolate con churros	en un bar	❷
lavar	la ropa	en una lavandería	❾
bajar		por las escaleras	⑫
cenar		en un restaurante	❼
entrar		en el Palacio Real	❹
dar*	un paseo	por las Ramblas	⑮
comer	unos pinchos	en un bar	⑭
conocer*	a un vendedor simpático	en un mercado	❻
hacer*	muchas fotos	en el Parque Güell	⑬
ver*	un partido de fútbol	en el estadio Santiago Bernabéu	❽
subir		a la torre de la Sagrada Familia	⑪
salir*		del hostal	❶

＊不規則活用。それ以外は規則活用（☞ p.32, **7.2.2**; p.80, 補遺 2）。

● 主に動詞の直後に来る名詞句で、日本語の「〜を」に対応することの多い補足要素は、「直接目的語」
と呼ばれています。
● 直接目的語を取りやすい動詞は、一般に「他動詞」と呼ばれています。それ以外は「自動詞」と
呼ばれています。
● 直接目的語が人を表す名詞句の場合は、前置詞aに導かれる前置詞句になることが多いです。
　esperar a mi amigo（「私の友人を待つ」）/ esperar un taxi（「タクシーを待つ」）
● hacer, tomarのように意味がやや希薄な動詞は、直接目的語とセットで具体的な意味になります。

動詞	直接目的語	対応する日本語
hacer	fotos / una reserva / compras	写真を撮る / 予約をする / 買物をする
tomar	unas tapas / un vaso de agua un taxi / el baño / fotos	タパスを食べる / 水を一杯飲む タクシーに乗る / お風呂に入る / 写真を撮る

★ ペアで練習しましょう。1人が、このページで出てきた「動詞＋補足要素」のスペイン語表現を
言います。もう1人はその意味を表す写真（左のページ）を指さしたり、日本語で言いましょう。

¡Vamos a conocer dos ciudades!

7.2 文を作る

● スペイン語の文は、動詞をその主語（この課では「誰が（～する）」に対応）の人称と数に合わせて活用させた人称形にして作ります（☞ p.19-p.20, **Más allá (1)** C D E F）。

7.2.1 直説法現在の規則活用

● 規則活用の場合、人称形は「語幹（不変化）＋語尾（変化）」で作られます。

	ar動詞	er動詞	ir動詞
人称代名詞（主格）	**hablar**	**comer**	**vivir**
[yo]	habl**o**	com**o**	viv**o**
[tú]	habl**as**	com**es**	viv**es**
[usted/él/ella]	habl**a**	com**e**	viv**e**
[nosotros]	habl**amos**	com**emos**	viv**imos**
[vosotros]	habl**áis**	com**éis**	viv**ís**
[ustedes/ellos/ellas]	habl**an**	com**en**	viv**en**

Hablo japonés. / ¿No **comes** pan? / ¿Dónde **vives**?

★ 前のページの表中の動詞（*のないもの）を、6通りに活用させましょう。

★ 活用させて作った動詞人称形を主格人称代名詞や表中の補足要素と組み合わせて、いろいろな文を作ってみましょう。

例）Yo **tomo** chocolate con churros. / ¿**Subes** a la torre?
Nosotros **no visitamos** el Museo Reina Sofía.

7.2.2 不規則活用（1人称単数形のみ不規則形の動詞）

● 前のページの表中の動詞（*のあるもの）は、1人称単数形のみが不規則です。

dar → doy / conocer → conozco* / hacer → hago / ver → veo / salir → salgo

＊conocerは原形では「知り合う」、現在形では「知っている」というニュアンスが生じる。

★ 動詞を主語や 7.1（p.31）の表中の補足要素と組み合わせて、いろいろな文を作ってみましょう。

例）**Doy** un paseo por las Ramblas. / **Salimos** del hostal.

7.3 場所を表す補足要素

● 7.3 では前置詞句（「前置詞＋名詞句など」）を中心に学びましょう。

前置詞	**en**	**de**	**a**	**por**
意味	範囲内	出発地	到着地	経由・周遊地等
例	en Madrid en el parque en casa aquí / ahí / allí	de Madrid del parque de casa de aquí / ...	a Barcelona al parque a casa aquí / ...	por España por el parque por aquí / ...

● 前置詞と定冠詞は無強勢語なので、次のような縮約が起こります。 a el → al; de el → del

★ 次の動詞をいろいろな人称形にし、上の表の前置詞句と適切に組み合わせて文を作りましょう。

1) entrar 2) salir 3) pasear 4) llegar 5) desayunar
6) cenar 7) viajar 8) estudiar 9) vivir 10) trabajar

¡Vamos a practicar!

1 宿の人に行動予定を説明する

★あなたがMadridあるいはBarcelonaに滞在していると仮定し、以下の手順で会話のシナリオを作りましょう。

1) 次の４通りの状況のうちいずれかを想定します。b)かd)の場合は、ペアになって一緒に2)以下の作業をするとよいでしょう。

a)	Viajo solo y estoy en Madrid.
b)	Viajo con un amigo y estamos en Madrid.
c)	Viajo solo y estoy en Barcelona.
d)	Viajo con un amigo y estamos en Barcelona.

2) **7.1**（p.31）の表にある固有名詞の場所をガイドブックなどの地図を利用して確かめましょう。

3) 本日の行動予定を決めます。「時」に関係する補足要素の意味を確認して予定を作りましょう。

時間帯	順番
por la mañana por la tarde por la noche	primero luego / después antes de comer después de cenar por último

例)
Por la mañana visito el Museo Reina Sofía.
Luego visito el Palacio Real.

4) 民宿 (hostal) の主人 (A) と宿泊客 (B) が、朝、その日の行動予定について話します（ ）。3) で作った予定に従ってやりとりを作ってみましょう。朝の挨拶から始め（下の表では省略）、最後は宿の人が「楽しんでね！」と言って終わります。

	a) c) の場合	b) d) の場合
1	A: ¿Qué haces hoy?	A: ¿Qué hacéis hoy?
2	B: Primero desayuno y después (行動).	B: Primero desayunamos y después (行動).
3	A: ¿Y qué haces por la tarde?	A: ¿Y qué hacéis por la tarde?
4	B: Por la tarde (行動).	B: Por la tarde (行動).
5	A: ¿Y por la noche?	A: ¿Y por la noche?
6	B: Por la noche (行動).	B: Por la noche (行動).
7	A: ¿Ah, sí? ¡Qué bien!	A: ¿Ah, sí? ¡Qué bien!
8	B: ¡Hasta luego!	B: ¡Hasta luego!
9	A: Hasta luego. ¡Que disfrutes!	A: Hasta luego. ¡Que disfrutéis!

5) 上の活動中に、やりとりが続けにくかったことはありましたか？あるいは、もっと知りたい表現はありましたか？自分で調べたり先生に尋ねたりしましょう。

¡Vamos a recorrer las tierras! （大地を巡ろう！）

列車やバスで各地を訪ね、スペインの自然・歴史・文化・人々と出会いましょう。この課では、重要な不規則変化動詞の用法、そして動詞を組み合わせて意味を拡張する構造を学びます。

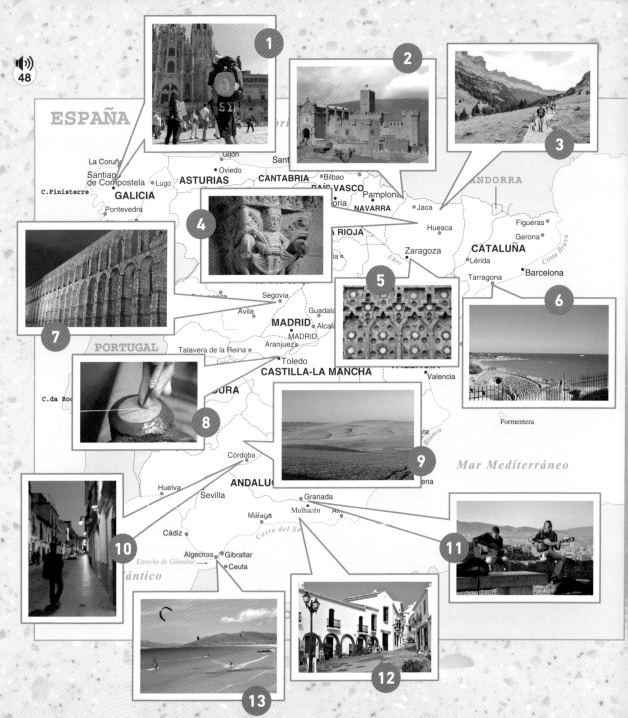

8.1.1 動詞の活用パターン

●動詞（直説法現在形）の活用パターンは、おおまかには次のようなグラデーションになっています。

規則 ⟵ ─────────────────────────────────── ⟶ 不規則

hablar, tomar comer, leer vivir, abrir	dar hacer, saber salir	cerrar, empezar pensar poder, querer pedir, seguir	tener venir, decir	estar ser, haber ir
ⓐ 完全な規則	ⓑ 1単のみ不規則	ⓒ 母音変化	ⓓ ⓑとⓒの組合わせ	ⓔ きわめて不規則

●「母音変化」とは、語幹末の母音にアクセントがある時、その部分が次のように変化することです。

e→ie: empezar→empiezo	o→ue: volver→vuelvo	e→i: pedir→pido

●他にも不規則な活用をする動詞があります。　oír: oigo, oyes, ...

★補遺2（p.80, p.81）や辞書の動詞活用表を利用し、上の表のⓒ, ⓓ, ⓔの動詞、そして oír の意味と人称形を確認しましょう。

8.1.2 動詞を1つ用いた文

●辞書を用いてやや難しい語彙を調べることにより、歴史・文化などに話題を広げることができます。

★文の構造を考えながら次の文を読解しましょう。

左のページの写真に関連する文例	活用	写真
Los artesanos de Toledo **conservan** su tradición de damasquinado.	ⓐ	❽
El estilo mudéjar **presenta** una fusión del arte islámico y el cristiano.	ⓐ	❺
Ya **empieza** la primavera en el campo de Andalucía.	ⓒ	❾
Sigo esta calle y **vuelvo** al hostal.	ⓒ	❿
El pueblo de Javier **tiene** un castillo medieval muy bonito.	ⓓ	❷
En el barrio de Albaicín **oigo** una guitarra muy agradable.	ⓓ	⓫
Voy a un pueblo bonito durante mi viaje.	ⓔ	⓬

●主語の有無や位置には注意が必要です。「文の先頭が主語だ」と思いこまないようにしましょう。

8.1.3 2つの動詞の組み合わせ

●「動詞人称形＋[つなぎの語＋]動詞原形」という組み合わせによって、文の意味が広がります。

Pienso visitar Segovia durante mi viaje por España.	ⓒ	意向	❼
Desde aquí **puedes ver** el anfiteatro romano y el mar Mediterráneo.	ⓒ	可能	❻
¿**Quieres llegar** hasta el extremo sur de la península ibérica?	ⓒ	願望	⓭
En el norte de España **tienes que conocer** el arte románico.	ⓓ	必要・義務	❹
Voy a terminar la peregrinación del Camino de Santiago.	ⓔ	近い未来	❶
¡**Vamos a hacer** senderismo en los Pirineos!	ⓔ	勧誘	❸

★これらの文の下線部を日本の事に置き換え、ネット検索なども利用して作文してみましょう。

¡Vamos a recorrer las tierras!

8

8.2 文の要素

● これまでの復習も含め、主語や主要な補足要素を、疑問詞を用いた文とともにまとめます。

文の要素	疑問詞を用いた疑問文	応答文
主語	¿**Quién** quiere jugar al tenis?	**María y yo** queremos jugar al tenis.
叙述補語	¿**Cómo** está la sopa?	Está **muy caliente**.
	¿**Cuántos** son ustedes?	Somos **cuatro** en total.
直接目的語	¿**Qué** vamos a pedir?	Vamos a pedir **una paella de marisco**.
	¿**Cuántos años** tienes?	Tengo **diecinueve años**.
場所	¿**A dónde** vas?	Voy **a la catedral**.
時	¿**Cuándo** vienen tus padres a Japón?	Vienen **mañana**.
	¿**A qué hora** sale el avión para Sevilla?	Sale **a las diez y veinte**.
様態	¿**Cómo** hablan los españoles?	Hablan **muy rápido y muy alto**.
方法	¿**Cómo** puedo abrir esta puerta?	Puede abrir la puerta **así**.
	¿**Cómo** funciona esta máquina?	Funciona **con este botón**.
道具	¿**Cómo** tengo que cerrar esta puerta?	Tiene que cerrar la puerta **con la llave**.
同伴	¿**Con quién** vienes a mi casa?	Voy **con mi novia**.
話題	¿**De qué** habláis?	Hablamos **del examen de español**.
目的	¿**Para qué** vais al Museo Reina Sofía?	Vamos ahí **para ver el *Guernica***.

● 「様態」「方法」「道具」はいずれも事柄の生じ方について述べる要素で、これらの区別は曖昧です。
● 「前置詞para＋動詞原形」は目的を伝えるためによく用いられます。
　　para ver el *Guernica*

8.3 希望・依頼の表現

● 旅でも日常生活でも、希望を伝えたり相手に依頼をすることがよくあります。
● 標準的な表現としてquerer, poderを用いつつ、相手の心理に配慮した表現にもなじみましょう。

希望を伝える		**Quiero comer** un plato típico de esta región.
希望を伝える（→許可を求める）	＋配慮	¿**Puedo pagar** con tarjeta de crédito?
依頼する		¿**Puede esperar** un momento?
依頼する	＋配慮	¿**Puede** usted **esperar** un momento, **por favor**?

★ poderを用いて次の行為をするよう相手に依頼する文を作りましょう。

　1) venir aquí　　　2) escribir tu nombre　　　3) poner el aire acondicionado

1 駅で列車の出発時刻を確認する

★ あなたは Madrid の estación de Puerta de Atocha から特急列車で他の都市に行こうとしています。駅の係員とのやりとりを作っていきましょう。

1) クラスメートとペアになり、写真の時刻表*について次のことを確かめましょう。

    a) ¿Qué hora es ahora?

    b) ¿Dónde está {Sevilla / Alicante / Toledo ...} en el mapa de España?

   *大都市には駅が複数あるため、個別の駅名が併記されている。
   例）Sevilla-Santa Justa

11 52 Salidas	DEPARTURES	
Hora TIME	Destino DESTINATION	Tren TRAIN
12:00	SEVILLA-SANTA JUSTA	renfe AVE
12:15	ALICANTE	renfe Alvia
12:20	TOLEDO	renfe Avant
12:30	BARCELONA SANTS	renfe AVE
12:40	VALENCIA J.SOROLLA	renfe AVE
13:00	MÁLAGA MARÍA ZAMBRANO	renfe AVE
13:00	SEVILLA-SANTA JUSTA	renfe AVE
13:15	PUERTOLLANO	renfe Avant
13:25	BARCELONA SANTS	renfe SNCF

2) 1人が客 (viajero：V)、もう1人が駅の係員 (empleado de estación： E) となり、それぞれ次の準備をしましょう。

    a) 客は、行先を決めます。列車の終着駅に行くものとします。

    b) 係員は、次の条件を踏まえてください。

      ・安全のために乗車前に荷物検査 (el control de acceso) がある。

      ・12:00 の Sevilla 行きは間に合わない。12:30 の Barcelona 行きは満員。

3) 希望する行先に従って次のようなやりとり (🚶🚶) をしましょう。 🔊 51

1	E: Hola.	挨拶する。
2	V: Hola. Deseo ir a (地名). ¿A qué hora sale el próximo tren?	希望する行先を告げ、何時に次の列車が出発するか尋ねる。
3	E: Sale a (出発時刻).*	出発時刻を答える。
4	V: Vale. Gracias.	了解し、お礼を言う。

• Sevilla の場合

3'	E: Sale a (出発時刻), pero ya es demasiado tarde.	出発時刻を言うが、もう遅すぎると伝える。
4'	V: ¿Por qué?	理由を尋ねる。
5'	E: Porque tiene que pasar por el control de acceso para la seguridad. Y ya son (現在の時刻). Pero puede tomar otro tren. Sale a (出発時刻).	理由*を説明した後、別の列車について情報提供する。 *荷物検査がある。
6'	V: Ah, entonces voy a tomar ese. Gracias.	その列車に乗ると伝え、お礼を言う。

• Barcelona の場合

3"	E: Sale a (出発時刻), pero ya está completo.	出発時刻を言うが満員と伝える。
4"	V: ¡Lástima! ¿Hay otro tren para Barcelona esta tarde?	残念がる。今日の午後別の列車があるか尋ねる。
5"	E: Sí. Sale a (出発時刻).	肯定し、出発時刻を伝える。
6"	V: Ah, entonces voy a tomar ese. Gracias.	その列車に乗ると伝え、お礼を言う。

Más allá (2)

A 不定語と否定語

「何か（〜ある）」「何も（〜ない）」という意味の語をまとめて知っておくと便利です。**4.5** (p.16)
で学んだ「名詞句の基本構造」に当てはめて学びましょう。補足部がつくこともあります。

名詞句			意味（不定語の場合）
導入部	主要部	補足部（任意）	
	肯 **algo**	caliente	何か（温かい物・食べる物）
	否 **nada**	para comer	
	肯 **alguien**		誰か
	否 **nadie**		
肯 **algún**	restaurante	económico	何か（経済的な）レストラン
否 **ningún**	estudiante	extranjero	誰か（外国人の）学生
肯 **alguna**	bebida	fría	何か（冷たい）飲み物
否 **ninguna**	pregunta		何か質問

- 否定文を作るnoより先にこれらの否定語が出た時には、noが不要となります。

  Quiero algo caliente. / ¿Quieres algo para comer? / No tenemos nada para comer.

  ¿Hay alguien en esta tienda? － No, no hay nadie. / Nadie quiere entrar en esa casa.

  ¿Tienen alguna bebida fría?

  ¿Tienes alguna pregunta? － No, no tengo ninguna pregunta.

★ 右上の２つの写真は、路上駐車中のタクシーとその中に置かれた紙です。紙には何と書いてあるでしょうか？また、これはどういう意味で、どういう意図で置かれているのでしょうか？

B 「全ての」

英語のallに相当する語はtodoです。漠然と全体を指す時にはtodo（不変化）です。名詞の導入部になる時には、その名詞に性数一致します。定冠詞の前に来る点に注意が必要です。

	単数形	複数形
男性形	**todo** el mundo（世界中、みんな）	**todos** los pasajeros（全ての乗客）
女性形	**toda** la gente（全ての人々）	**todas** las semanas（毎週）

¿Todo está bien? － ¡Sí! / Todo el mundo celebra el Año Nuevo. / Toda la gente está aquí.
Todos los pasajeros tienen que subir al tren cinco minutos antes de la salida.
Tenemos clases de español todas las semanas.

¡Hola a todos!

Todos nosotros queremos salir en este manual.

C 序数詞

　物事の順番を表す数詞（「序数詞」）は、基本的には形容詞です。しかし、名詞句内で用いられる時、通常は「定冠詞＋序数詞」という句で導入部となります。関連表現とともに学びましょう。

	名詞句（単数の場合）			
	男性		女性	
	導入部	主要部	導入部	主要部
1番目の、最初の	el primer		la primera	
2番目の	el segundo	tren	la segunda	calle
3番目の	el tercer	semáforo	la tercera	fila
4番目の	el cuarto	piso	la cuarta	clase
5番目の	el quinto	día	la quinta	hora
次の	el próximo	año	la próxima	semana
最後の	el último		la última	

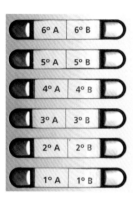

- 辞書の見出し語としては、上の表中の男性単数形で記載されています。ただし「1番目の」「3番目の」はそれぞれ primero, tercero で、主要部の前では語尾 (-o) が省略されます。
- 住所表示などでは略号がよく用いられます。 Segundo A → 2° A（「2階A号室」）

★ 旅先や教室で使える次の日本語を、上の表内の語句を組みわせてスペイン語にしましょう。

1) 初日　　　　2) 2番目の通り　　3) 3つ目の信号　　4) 5階　　　5) 次の列車
6) 最前列　　　7) 2年（生）　　　8) 3時間目　　　　9) 来週　　　10) 最後の授業

D 道順を知るためのやりとり 52

★ 序数詞と、「左右上下」等の表現を用いたやりとり（🧍🧍）をペアで演じてみましょう。通行人を呼び止めるのは勇気がいりますが、「はじめ」「なか」「おわり」をきっちり導くことで、気持ちよいやりとりを作ることができます。

は じ め	A: Oiga, perdone.		通りがかりの人に声をかける。
	B: ¿Sí? Dígame.		それに応じる。
な か	1	A: ¿Dónde está la Plaza Mayor? B: La primera [calle] a la derecha. La plaza está al fondo.	arriba ↑ la izquierda ← → la derecha abajo ↓
	2	A: ¿La oficina de turismo, por favor? B: El segundo semáforo a la izquierda.	
	3	A: ¿Para ir a la entrada de la Alhambra? B: Aquella cuesta {para arriba / para abajo}.	
お わ り	A: Gracias. Adiós.		お礼を言って別れる。
	B: De nada. Hasta luego.		それに応えて別れる。

スペイン旅行編の終わりに、スペインそのものについてもう少し学びましょう。

E　スペインの言語

これらの写真は、それぞれBarcelona（左）とBilbao（右）の空港内の表示です。Unidad 1の空港内の写真（Madridのもの ☞ p.2 ❼❽; p.5）との違いがわかりますか？

いずれも3つの言語が用いられています。一番上の言語は、それぞれの空港が属する自治州（las comunidades autónomas）が定める独自の公用語（las lenguas oficiales）です。Barcelonaではカタルーニャ語（el catalán）、Bilbaoではバスク語（el vasco / el euskara）です。スペインには17の自治州があり、スペイン国憲法（la Constitución española de 1978）では、それぞれの自治州が定める言語とスペイン語（el español / el castellano）がその州の公用語であると規定されています。言語の多様性はスペインという国の社会・文化の多様性の象徴とも言えます。

F　スペインの歴史

スペイン語圏の旅行の醍醐味の1つは、異文化の衝突や融和が織りなしてきた歴史が、旅先の至る所で感じられることです。ここでは、ごく簡単にスペインの歴史を年表で見てみましょう。

世紀	時代	重要な出来事	芸術・文学等
（1万年以上前）	先史時代		「アルタミラの洞窟壁画」
～紀元前3世紀	先住民・植民活動		
紀元前2世紀 ～5世紀	古代ローマ時代	紀元前197年　イベリア半島にローマの属領設置	ローマ様式（p.34 ❼）
5世紀～8世紀	西ゴート王国	589 王がカトリックに改宗	
8世紀～15世紀	イスラム教徒による支配 再征服（Reconquista）	711 イスラム教徒侵入 1492 再征服完成とコロンブスの新大陸到着	アラブ様式（p.26 ❹❺） ロマネスク様式（p.34 ❷❹） ゴシック様式 ムデハル様式（p.34 ❺）
16世紀～17世紀	スペイン帝国の興亡	1521 アステカ帝国を滅ぼす 1533 インカ帝国を滅ぼす	『ドン・キホーテ (El Quijote)』 バロック様式（p.34 ❶）
18世紀～19世紀	近代国家への模索	1808-14 ナポレオン戦争 1810年代～　植民地の独立 1898 米西戦争	モデルニズモ 「聖家族教会」 (p.26 ❶, p.30 ⓫⓬)
20世紀～	現代スペインへの苦闘 欧州の一員として	1936-39 スペイン内戦 1978 現行憲法発効 1993 欧州連合発足（加盟）	シュールレアリスム 『ゲルニカ (Guernica)』

★スペインあるいはイスパノアメリカの地理・歴史・文化・社会についてテーマを決めて調べてみましょう。

TERCERA PARTE
第3部　イスパノアメリカを感じよう!

●●● 第3部のねらい ●●●

教室でのやりとり	旅のスペイン語
A 今の天気や気温などについて話そう。	Unidad 9 地理的特徴や気象について話そう。
B 好みについて話そう。	Unidad 10 旅の苦楽を分かち合おう。
C 物の受け渡しをしよう。	Unidad 11 何かしてあげよう・してもらおう。
D 日常生活について話そう。	Unidad 12 1日の行動について話そう。

	基本的なセリフ	バリエーション
A 53	A: ¿Qué tiempo hace ahora? B: Hace buen tiempo. A: Entonces, ¡vamos a dar un paseo! B: ¡Buena idea! ¡Vamos! A: Hace calor. ¿Puede poner el aire acondicionado? B: ¡Sí, cómo no! Un momento.	天気・気温など 	Hace	buen tiempo / mal tiempo sol / viento / calor / fresco / frío
Está	nublado / lloviendo	 	¿Puedes ¿Puede	poner	el aire acondicionado?
	apagar	la calefacción?
	abrir	la puerta?
	cerrar	las ventanas?	
B 54	A: ¿Te gusta el fútbol? B: Sí. ¿Y a ti? A: A mí también. Me gusta mucho. C: A mí me gusta más el béisbol. A: ¿Qué tipo de música te gusta escuchar? B: Me gusta la música pop japonesa.	スポーツの種目（男性単数形で用いるもの） el {fútbol / béisbol / tenis / baloncesto } 音楽（ジャンルも含む） | la	música	clásica	japonesa
		pop	coreana
		jazz	occidental
		rock	latina	
C 55	A: ¿Me prestas tu bolígrafo, por favor? B: Sí, aquí lo tienes. A: ¿Me das tu número de móvil? B: Sí, ahora te lo doy.	文房具・教室にある物品 bolígrafo[s] / portaminas / rotulador[es] diccionario / libro[s] de texto (manual[es]) goma / mesa[s] / silla[s] / tiza[s] 情報 número de móvil / dirección de email
D 56	A: ¿A qué hora te levantas los lunes? B: [Me levanto] A las siete y media. A: ¿Cuánto tiempo se tarda desde tu casa hasta la universidad? B: Se tarda [aproximadamente] una hora.	（習慣的な）時の表現 los lunes / los martes /... / normalmente 所要時間 diez minutos / media hora / una hora / una hora y media / dos horas

Unidad 9

¡Qué grande es Hispanoamérica! (イスパノアメリカは大きい!)

第3部では、スペイン語話者の大多数が暮らしているイスパノアメリカ（スペイン語圏アメリカ地域）を旅します。Unidad 9 では、イスパノアメリカの諸地域の特徴を概観します。地図を用意しましょう。動詞3人称を用いて環境について述べる文、そして比較構造の作り方を学びます。

● México y Guatemala:

● Cuba, en el Caribe:

● Los Andes, en Perú:

● Argentina, en el Cono Sur

● Unidad 6 で学んだ動詞 hay は動詞 haber の 3 人称単数形で、（文法上の）主語を持ちません。

● "hay ＋名詞句" で「～がある（存在する）」という意味です。

★ 地形を表す語を選択肢から選んで次の各文の（　　　）内に記入し、文を完成させましょう。

Hay (　　　) maravillosas en la península de Yucatán. El color del (　　　) es fantástico.	❶
Hay un (　　　) activo cerca de la ciudad de Antigua.	❷
Hay muchas (　　　) muy altas en los Andes.	❺
Hay muchos bosques subtropicales alrededor de las (　　　) de Iguazú.	❽
Hay un (　　　) como una serpiente cerca del aeropuerto de El Calafate.	❾
En el sur de la Patagonia **hay** (　　　).	❿

選択肢

cataratas / glaciares / mar / montañas / playas / río / volcán

●無主語文を用いた気象の表現は、主に次の 4 つのパターンです。

　1) hace ＋名詞句　　2) hay ＋名詞句　　3) está ＋形容詞（＝過去分詞）　　4) 専用の動詞

Hace buen tiempo* y [hace] **bastante calor** en La Habana.	1)	❸
A unos 4 000 metros sobre el nivel del mar**, **hace mucho sol** pero **hace frío**.	1)	❼
En el sur de Patagonia **hace bastante fresco** en verano.	1)	❿
Aquí **hace mucho calor** en febrero y **hay mucha humedad**.	1), 2)	❽
Está un poco nublado. Hay nubes grandes.	3), 2)	❶
Está despejado y **hace viento**.	3), 1)	❹
En los Andes **nieva** en invierno.　(←nevar)	4)	❺
A veces **llueve** en la ciudad de Cuzco en la temporada seca.　(←llover)	4)	❻

　　　　　　　　＊形容詞 bueno は名詞の前につけることが多い。男性単数形の前で o が脱落する。
　　　　　　　　＊＊4 000 (cuatro mil) metros sobre el nivel del mar：海抜 4000 メートル。

●「（発話中の）今」生じているという意味合いを出すために、「estar 人称形＋現在分詞」が用いられることもあります。

　　Está lloviendo ahora. ⇔ Llueve mucho en junio.　(☞ p.19, **Más allá (1)** C；p.67, **14.1**)

★ ペアになり、左ページとこのページの文を参照しながら、気象についての質疑応答をしましょう。

　例) A: ¿Qué tiempo hace en la península de Yucatán?
　　　B: Está un poco nublado.

9.2 度合いの表現 (1) muy と mucho の使い分け

●日本語の「とても～」に対応するスペイン語を簡単に整理しておきましょう。

muy ＋形容詞 性数	muy ＋副詞	mucho 性数 ＋名詞	動詞 +mucho
muy grande (montañas) muy altas	muy cerca	mucho calor mucha humedad	llover mucho nevar mucho

●日本語の「とても暑い」は、スペイン語では「たくさんの暑さ」という言い方になるのが普通です。
●上の表の4種類は、**9.3.1** から **9.3.4** の比較表現の作り方に対応しています。

★ 次の語句や文に muy あるいは mucho をつけて、度合いの表現を作りましょう。

1) bien 2) buen tiempo 3) Hace frío. 4) Esta agua está fría.
5) dinero 6) gente 7) Mi madre trabaja. 8) Estudiamos.

9.3 度合いの表現 (2) más を用いた比較

●ある物事を別の物事と比較して述べる時には、**9.2** の muy, mucho の位置に比較語 más を用い度合いが高いこと、menos を用い度合がより低いことを表します。
●比較対象を示す場合には que で導入します。

★ 以下、各表を用いてイスパノアメリカの地理的特徴について比較する文をいろいろ作ってみましょう。

9.3.1 形容詞との組み合わせ（más ＋形容詞）

国土面積	México	Cuba	Perú	Argentina	Japón
Superficie （km^2）	1 964 375	109 884	1 285 216	2 780 400	*377 930*

México es **más grande** que Perú. / Japón es **más pequeño** que Perú.

●定冠詞をつけると最上級になります。範囲を示すには、通常 de で導入します。
Argentina es **el país más grande** de los cinco.
Argentina es **el más grande** de los cinco países.

9.3.2 副詞との組み合わせ（más ＋副詞）

東京からの距離	Ciudad de México	Bogotá	Lima	Buenos Aires
Distancia desde Tokio (km)	11 321	14 330	15 513	18 388

La Ciudad de México está **más cerca** de Tokio que Bogotá.

9.3.3 名詞との組み合わせ（más ＋名詞）

各都市の月平均気温				Temperatura media por mes(℃)					
ciudad	país	latitud	altura (m)	enero	marzo	mayo	julio	septiembre	noviembre
Ciudad de México	México	19.40N	2 309	14.0	17.6	19.3	17.0	16.9	15.1
Cartagena	Colombia	10.45N	1	26.8	27.2	28.3	28.2	28.3	27.8
Cuzco	Perú	13.53S	3 248	12.6	12.6	11.2	9.8	12.1	13.4
Ushuaia	Argentina	54.8S	28	9.7	8	3.8	2.4	4.2	7.7
Tokio	Japón	35.69N	25	5.2	8.7	18.2	25	22.8	12.1

★ この表中の都市の位置（緯度と高度）に注意しながら月平均気温を比較しましょう。

例）En julio hace **más calor** en Tokio **que** en la Ciudad de México.
En julio hace **menos calor** en la Ciudad de México **que** en Tokio.

9.3.4 動詞との組み合わせ（動詞＋más）

各都市の月平均降水量		Precipitaciones medias （mm）					
ciudad	país	enero	marzo	mayo	julio	septiembre	noviembre
Ciudad de México	México	7.6	13.0	110.9	276.9	141.8	5.1
La Habana	Cuba	76.7	61.0	87.3	93.6	160.0	123.5
Tokio	Japón	52.3	117.5	137.8	153.5	209.9	92.5

En la Ciudad de México **llueve más** en julio **que** en mayo.
En julio **llueve menos** en Tokio **que** en la Ciudad de México.

9.4 比較語 mejor 🔊 59

● 「よりよい（よく）」に対応するスペイン語は mejor（反意語は peor）で、非常によく用いられます。
Hoy hace **mejor tiempo** que ayer.（⇔Hoy hace **peor tiempo** que ayer.）

9.5 同等比較文 🔊 60

●度合いが同じであることを表す構造は tan, tanto ... como です。否定文では度合がより低いことを表します。
En Ushuaia en verano hace **tanto frío como** en Tokio en invierno.
Madrid no está **tan lejos** de Tokio **como** la Ciudad de México.

¡Vamos a practicar!

1 日本各地の今の天気

★ インターネットが使える場合は、現在の日本各地の今の天気について調べましょう。そして、質疑応答を作りましょう。

例）A: ¿Qué tiempo hace ahora en Kagoshima?
B: Hace buen tiempo. Está un poco nublado.

2 天気予報

★ インターネットが使える場合は、日本各地の明日の天気を調べましょう。そして、この課で習った表現と、近い未来を表す構造（「ir 人称形＋a＋動詞原形」☞ p.35, 8.1.3）を用いて、天気予報をスペイン語で言ってみましょう。できれば比較表現も使いましょう。

例）A: ¿Qué tiempo va a hacer mañana en Osaka?
B: Va a llover. Va a hacer más fresco que hoy.

¿Te gusta la comida peruana?（ペルー料理は好き？）

この課では、アンデス山脈にあり、かつてインカ帝国の首都でもあったCusco*（Cuzco）の
町やその周辺を訪れます。「人が（行為を）する」という意味とは異なる構造を学び、感情や
感覚を表現してみましょう。この課から主語以外の人称代名詞が登場します。少し難しくなり
ますが、動詞とともに練習して操作していきましょう。　　*この課では現地のつづり Cusco を用いる。

61

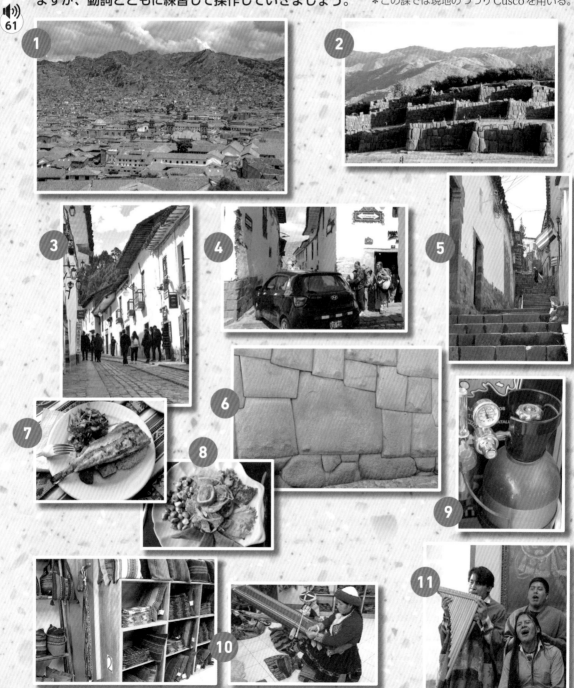

10.1 「es+形容詞+動詞原形の句（主語）」の構文

● 次の文は、Cuscoで高山病を防ぐためのアドバイスです。原形になっている動詞の行為者が明示されていないのは、一般的に誰にでもあてはまることとして述べているからです。

● 不定詞が補足要素を伴って句となり（下線部）、その全体が動詞esの主語となります。

● 否定語noが不定詞の直前に来ると「〜しないこと」という意味になります。

Cusco es una ciudad grande. Está a unos 3 400 metros sobre el nivel del mar. Para evitar el mal de altura* **es mejor** tomar mucha agua.	❶
Es importante no hacer muchas actividades el primer día de la estancia en Cusco. **Es mejor** dar un paseo cerca del hotel y nada más.	❸
En caso de emergencia **es necesario** tomar oxígeno o ir a un lugar más bajo.	❾

* mal de altura: 高山病（現地ではsorocheと呼ばれる）

10.2 感情・感覚の動詞と間接目的語

● 感情や感覚を表す動詞には、感情・感覚の持ち主を、主語ではなく「間接目的語」で表すものがあります。

● このような動詞では、代名詞（間接目的格代名詞）が、動詞人称形の直前に必ずつきます。

Me gusta la comida peruana.	❼❽
¿Cuál **te gusta** más, la trucha a la plancha o el ceviche de trucha?	❼❽
¿Te gusta escuchar música folclórica?	⓫
Me encantan estos productos de tejido. ¿Y a ti **te gusta** la artesanía tradicional?	❿
Me interesan mucho estas piedras de la cultura inca.	❻
Tenemos mal de altura. **Nos duele** mucho la cabeza. ¿Podemos tomar oxígeno?	❾
¿Tenemos que subir más escaleras? ¡No, por favor! **Me duelen** mucho las piernas.	❺
Las calles son estrechas y hay mucho tráfico. A estas turistas **les molesta** el coche rojo.	❹

● 上の文で用いられている動詞は、**gustar**（好きだ）、**encantar**（大好きだ）、**interesar**（興味がある）、**doler**（痛い）、**molestar**（邪魔だ、迷惑だ、面倒だ）です。これらは「**gustar**型動詞」と呼ばれます。

● 1番目の文で、動詞人称形gusta（3単）の主語は、下線部(la comida peruana)（3単）です。

● 上の文中の "a ti", "a estas turistas" も間接目的語です。**10.3**, **10.4** でさらに学びます。

★ 1番目の文にならい、2番目以下の文で、太字の動詞の主語に下線を引きましょう。また、文の意味を考えましょう。

★ （　　　）内に上の5つの動詞から適語を選び正しい形で記入し、意味の通る文を完成させましょう。

　　1) Me (　　　) estos bolsos. ❿　　2) ¿Te (　　　) las ruinas de Sacsayhuamán? ❷
　　3) ¿No le (　　　) la cabeza?　　4) Nos (　　　) llevar mucho equipaje.

10.3 人称代名詞の種類と強弱

● 人称代名詞には、アクセントの有無によって強形と弱形があります。
● 1人称と2人称の単数形の場合に絞って、次の表で比較しましょう。

人称代名詞	主語	他の要素	用法
強形	yo tú	[前置詞＋] mí [前置詞＋] ti	動詞の有無に関わらず、しっかり伝えたい時に用いる。
弱形		me te	（主語）なし。動詞の形に反映されるのみ。 （主語以外）動詞に付随して用いられる。

● 強形は、上記以外は主語と他の要素とで形が同じです。 主語 usted ⇔ 他の要素 a usted
● 弱形は、3人称になると文法的性質によっていろいろな形を取ります。
●「（否定の no）＋人称代名詞（弱形）＋動詞」はひとつの意味のグループです。一気に発音します。
● 人称代名詞が動詞や前置詞と取り結ぶ関係を「格」と呼びます（☞ p.79, 補遺1）。

10.4 gustar型動詞を用いた文の構造

● 動詞 gustar を例として、文構造を下の表に示します。
● 太い点線で囲った部分が、動詞（人称形）を中心とした意味のグループです。
● 表中 [ ] の要素は、話者が必要だと思えば付加します。
● 人称代名詞（弱形）は動詞人称形の直前で必須です。意味をより明確に伝えるには前置詞句として加えます。

[感情の持ち主]	[否定]	感情の持ち主	「好きだ」	[度合い]	好きな物事
間接目的語		間接目的語	動詞人称形		主語
前置詞句 　a＋名詞句 例）a mis padres 　a＋人称代名詞（強形） 　（前置詞格） 　a mí 　a ti 　a él 　…	[no]	人称代名詞（弱形） me te le nos os les	**gusta** **gustan**	[mucho] [más]	動詞原形の句 viajar hacer deporte 名詞句（単数形） el cine la música 名詞句（複数形） los deportes las frutas tropicales

● "no... mucho" で「あまり～ない」という意味になります。
● イスパノアメリカでは2人称複数形の os は使われず、les となります。 ♀ ♂ を区別しません。

⭐ 次の文をスペイン語にしましょう。
　1) 私はスポーツをするのが好きだ。
　2) 私の両親は音楽が大好きだ。
　3)「君はトロピカルフルーツが好き？」「いや、私はあまり好きではない。」

⭐ 次の物事について、この課で習った動詞を利用し、あなたの好みや興味を表現しましょう。
　1) el verano　　2) los animales　　3) la cultura indígena　　4) hacer la limpieza

1 旅行についての好みを話し合う

62

★ 右の表中の事柄について2〜3人で好きな（国内）旅行の仕方を話し合いましょう。

やりとりの例	好きな旅行の仕方
A: ¿En qué te gusta viajar?	¿En qué te gusta viajar?
B: Me gusta viajar en coche.	en coche / en tren / en bus /
A: A mí también, pero me gusta más viajar en tren.	en bicicleta / en moto / andando / en avión / en barco
	¿Con quién te gusta viajar?
C: A mí no me gusta viajar en tren.	solo / en grupo / con mis amigos / con mi familia / con mi novio

★ 同じ話題で話し合います。今度は、好きな理由・好きでない理由を加えましょう。

好みとその理由についてのやりとりの例	好きな理由
B: Me gusta viajar en coche.	Es más económico.
A: ¿Por qué?	Es más cómodo.
B: Porque tengo coche y quiero viajar con mucha libertad.	Quiero viajar con mucha libertad. Así todos podemos disfrutar el paisaje.
A: A mí me gusta más viajar en tren que en coche, porque así todos podemos disfrutar el paisaje. Además puedo sentir el ambiente de la región.	Puedo sentir el ambiente de la región. Me gusta hacer fotos de los trenes. (自分でも理由を作文してみましょう)

2 体調不良を訴える

63

★ あなた（B）は旅先で体調を崩しています。様子がおかしいことに気づいた現地の人（A）に声をかけられます。例のようなやりとりをペアで作ってみましょう。うまくやりとりを続けられるでしょうか？

やりとりの例	やりとりの流れ	症状（動詞に注意）	アドバイス
A: ¿Qué te pasa?	声をかける。	doler la cabeza	ir a una farmacia ir a un hospital
B: Me duele la cabeza.	症状を言う。	la garganta el estómago	volver al hotel descansar
A: ¿Te duele mucho?	症状が重いか尋ねる。	las piernas el pie izquierdo	beber agua tomar algo caliente
B: Sí.	答える。	tener escalofríos	ir al baño
A: Lo siento. Es mejor ir a una farmacia.	同情する。アドバイスをする。	fiebre / náuseas estar cansado / resfriado no poder andar / respirar bien	

Llega la prlmavera a los Andes （アンデスに春が来る）

この課では、アンデスの奥地マチュピチュ遺跡 (Machu Picchu) と聖なる谷 (el Valle Sagrado) を訪れます。場所によって標高差が大きいので景観がずいぶん違います。この課では、間接目的語・直接目的語と動詞との関係を学びます。現地ガイドさんや旅先で知り合った人との会話を一歩進めましょう。

Machu Picchu (2500m)
Ollantaytambo (2800 m)

Valle Sagrado

Salineras de Maras (3200m)
Río Urubamba (Willkamayu))
Chinchero (3800m)
Sacsayhuamán (3800m)
Cusco (3400 m)

11.1 間接目的格代名詞

11.1.1 動詞parecer

● 動詞serやestarを用いて「AはBである」と断言する代わりに、動詞parecerを用いて「AはBに思える」と主観性を出して言う場合があります。印象として少し控えめに自分の見解を伝えるのに便利です。

● 誰の主観なのかを間接目的格代名詞を用いて表現することが多いです。

Este lugar **me parece** peligroso. Pero es espectacular. (← Este lugar es peligroso.)	❻
A: ¿Qué **les parece** tomar un mototaxi?* B: A mí **me parece** bien. (← Está bien.) C: A mí **no me parece** muy bien. (← No está muy bien.)	⓫

＊AはBとCに提案をしている。

11.1.2 間接目的語を用いて物や情報の受け渡しを表現する

● 受け取り手は間接目的語で表されます。次の例文では赤字で示しています。

● 受け渡しされる物事は直接目的語です。次の例文では下線で示しています。

La llama [le] **da** leche a su bebé.	❽
¿Les **tomo** una foto? —Sí, por favor.	❹
El guía turístico **nos señala** una piedra. Nos explica la civilización antigua.	⓬
Te **enseñamos** el cultivo de maíz.	⓮
¿Me **puedes enviar** esta foto? Te **doy** mi dirección de email.	❿
La gente de la zona tropical viene al mercado de Chinchero y [le] **vende** verduras, frutas y café a la gente de Chinchero. Y la gente de Chinchero [le] **vende** a la gente de la zona tropical papas, quinua y los tejidos de alpaca o de lana.	❷

11.2 直接目的格代名詞

● 直接目的語が話者や相手を指す場合（1、2人称）には、間接目的語と同じく代名詞で表されます（赤字の部分）。形も間接目的格代名詞と同じです。 **Te** esperamos en la salida.

● 3人称の場合は、間接目的格とは形が異なります。指示対象（下の例文では下線部）の性と数によって変化します（赤字の部分）。

　　男性単数形… lo　　それ以外… 定冠詞と同じ形（los, la, las）　**Lo** esperamos en la salida.

Los agricultores de Chinchero **siembran** la papa en primavera y **la cosechan** en verano.	❶
La gente de Maras **produce** sal en la temporada seca. Este burro **la lleva** a la ciudad.	❸❺
Para visitar Machu Picchu y subir a la montaña Huayna Picchu tienes que **comprar** el boleto con mucha anticipación. **Lo puedes obtener** por el sitio oficial de Machu Picchu.	❼
La cantuta es la flor nacional de Perú. **La puedes ver** en los Andes peruanos.	❾
¿**Ves** aquel valle? —Sí, **lo veo**. Tiene forma de V. Es el Valle Sagrado, ¿verdad?	⓭

11.3 直接目的格代名詞 lo について

● lo はいくつかの用法を持つ頻出語です。ここでは次の2種類を区別しておさましょう。

男性単数形の名詞を受ける	¿Dónde **esperamos** el tren? —**Lo esperamos** allí.
内容全体を漠然と受ける	¿Dónde te esperan tus amigos? —No **lo sé**.

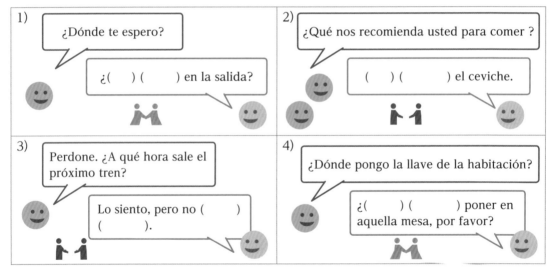

11.4 動詞と目的格代名詞の組み合わせ

11.4.1 動詞が必要とする補語

● 間接目的語、直接目的語が必要かどうかは動詞の語彙によっておおむね決まっています。

間接目的語が必要	gustar, interesar, doler,
直接目的語が必要	buscar, esperar, poner, saber,
間接目的語・直接目的語の両方が必要	dar, decir, enseñar, prestar,

★ 次の動詞を上の表中の動詞の余白に追加しましょう。

　　1) encantar　　2) explicar　　3) llevar　　4) molestar　　5) recomendar　　6) ver

★ 次の吹き出しに代名詞と動詞を記入してやりとりを完成させましょう。また、代名詞の指示対象（語句もしくは絵）に向かって矢印（→）をつけましょう。音声を聴いて発音しましょう。

1) ¿Dónde te espero?
¿(　　) (　　　　) en la salida?

2) ¿Qué nos recomienda usted para comer?
(　　) (　　　　) el ceviche.

3) Perdone. ¿A qué hora sale el próximo tren?
Lo siento, pero no (　　　) (　　　　).

4) ¿Dónde pongo la llave de la habitación?
¿(　　　) (　　　　) poner en aquella mesa, por favor?

11.4.2 2つの目的格代名詞の併用

● 間接・直接両方の代名詞を用いる構造では、「間＋直＋動詞人称形」となります。

● 両方3人称の場合は、間接目的代名詞が se になります。

　　¿Me **prestas** tu goma? —Sí, un momento. Ahora **te la presto**.

　　¿Cómo podemos hacer la reserva? — 🧑 Ahora **te lo explico**. / 🧑 Ahora **se lo explico**.

● 直接目的格代名詞を言う場合には必ず間接目的格代名詞も用いられます。

　　○ **Se lo digo** a José. / × **Lo digo** a José.

★ 代名詞や動詞人称形が誰や何を指すか確認しながら、ペアで消しゴムを貸し借りするやりとりをしましょう。動詞 devolver（「返す」）を用いて同様のやりとりをしましょう（☞ p.41, C ）。

11.4.3 動詞原形と目的格代名詞

●目的格代名詞を要求する動詞が原形の場合は、代名詞を原形の直後に言う（書く時はくっつけて書く）ことも多いです。2つの代名詞を併用する時には「原形＋間＋直」となり、アクセント記号が必要です。

¿**Me puede traer** la carta*, por favor? = ¿Puede **traerme** la carta, por favor?

＊ carta：メニュー表

    A: ¿A qué hora podemos entrar en la habitación?

    B: Un momento. Se <u>lo</u> **voy a preguntar** al recepcionista.

        = Un momento. Voy a **preguntár<u>selo</u>** al recepcionista.

¡Vamos a practicar!

1　教室の中を整えよう

★ 教室内で、動かせる物を別の場所に置きます。例えば次のような物です。

    bolso, mochila, silla, mesa, tiza[s] {blanca[s] / amarilla[s]}

ペアで協力してそれらの物を正しい場所に置きましょう。3人称の直接目的格代名詞を用います。

	poderなし（気軽に）	poderあり（配慮して）	
1	A: ¿Dónde pongo esta mochila?	A: ¿Dónde pongo las tizas amarillas?	Aが物を移動させようとして、Bに置き場所を尋ねる。
2	B: ¿La pones ahí, junto a la mesa de Takeshi?	B: ¿{Las puedes poner / Puedes ponerlas} {allí / en la pizarra}?	Bが場所を指定して依頼する。
3	A: ¿La pongo aquí?	A: ¿Las pongo aquí?	Aが動かして確認を求める。
4	B: Sí.	B: Sí.	Bが肯定する。

2　写真を撮ろう

★ ペアで、相手のカメラ（スマホなどの機能）を用いてその人の写真を撮りあいましょう。

1	A: ¿Puedes tomarme una foto?	AがBに自分の写真の撮影を依頼する。
2	B: Sí, con mucho gusto. ¿Me prestas tu móvil?	Bが快諾し、スマホを貸してほしいと言う。
3	A: Sí, claro. Aquí lo tienes.	Aが快諾し、スマホを貸す。
4	B: {¡Güisqui! / ¡Uno, dos y tres! / ¡Patata!}* (....) Ya está. Vamos a ver la foto. ¿Qué te parece?	BがAを撮影。できたら一緒に見る。印象を尋ねる。
5	A: Muy bien. Me gusta la foto. Muchas gracias.	Aがその写真を気に入る。お礼を言う。
6	B: De nada.	Bがそれに応じる。

＊撮影時の掛け声。güisquiはwhiskyのスペイン語表記。üはuを発音することを表す。

★ 2枚撮影し、どちらの写真がより気に入ったかについてのやりとりも作ってみましょう。

Llega la primavera a los Andes　　11

¡Vamos a hacernos amigos! （友だちになろう！）

この課はイスパノアメリカの旅の最終回です。また、弱形代名詞の用法の仕上げの段階でもあります。イスパノアメリカ各地での一コマを楽しみながら、再帰代名詞の用法を学びましょう。

🔊 **68**

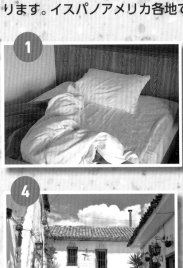

12.1 自分が自分自身に向ける行為

- 自分が自分に向けて何かをする場合、動詞の主語と同一人物を指す弱形代名詞が必須です。
- 3人称の弱形代名詞は単数・複数ともにseとなります。**11.4.2**（p.52）とは異なる用法です。
- 目的格人称代名詞で、主語と同一の人や事物を指しているものを「再帰代名詞」と呼びます（赤字の語）。

	動詞 lavar（「洗う」）		
	非再帰構造	再帰構造	
1人称	*Yo lavo mi plato.*	Yo me **lavo**.	Yo me **lavo** el pelo.
2人称	*Tú lavas tu plato.*	Tú te **lavas**.	Tú te **lavas** el pelo.
3人称	*Él lava su plato.*	Él se **lava**.	Él se **lava** el pelo.
洗われる物	皿（自分の身体ではない）	自分の身体全体	自分の身体の部分（髪の毛）

- 下線部は直接目的語で、「洗われる物」を指します。
- 複数形の場合は巻末の補遺1（p.79）や辞書を参照してください。

★ 次の身体の部分を自分で洗うという意味で1〜3人称（単数形）の文を作りましょう。

1) la cara　　　　2) las manos　　　　3) los dientes

12.2 再帰構造を取りやすい動詞

- 再帰代名詞とセットになると「自分自身に何かをする」という意味が薄れて別の意味合いがでてくる動詞があります。

    Me **levanto**.（「私は自分自身を起こす」→「私は起きる」）
- 辞書には「原形+se」の語形（例 levantarse）で掲載されています。
- 原形で用いる場合は、再帰代名詞を主語の人物の人称・数に合わせます。　Voy a **ducharme**.

Me **levanto** a las siete de la mañana.	levantarse	❶
¿Cuándo te **duchas**?	ducharse	❷
Me **acuesto** temprano porque estoy muy cansado.	acostarse	❸
Me **pongo** aquí, delante del manantial.	ponerse（＋「場所」）	❺
Ella se **pone** los anteojos de sol, pero su padre **no** se **los** pone.	ponerse（＋「衣服・装身具」）	❻
Me **alegro** mucho de estar en Cuba.	alegrarse（＋de＋動詞原形）	❾
Estoy resfriada, pero me **siento** mejor que ayer.	sentirse（＋形容詞・副詞）	
Me **llamo** Miguel Ángel. Y tú, ¿cómo te **llamas**?	llamarse（＋「名称」）	
Nos **juntamos** para la foto.	juntarse	❼
¿Qué te parece **alojarte** en este hotel?	alojarse	❹
Voy a bañarme en el lago.	bañarse	❿
No quiero perderme en este barrio.	perderse	
Vamos a sentarnos en ese banco.	sentarse	❽
Quiero lavarme las manos.	lavarse（＋定冠詞＋「身体の部分」）	
¡Vamos a hacernos amigos!	hacerse（＋名詞）	
Ya nos **vamos**. ¡Adiós, América Latina!	irse	⓫

¡Vamos a hacernos amigos!

12

12.3 「互いに～しあう」

- キャッチボールのように、複数の人物が互いに向けて同じ行為をすることがあります。その場合も、再帰構造を用います。 Nos **saludamos**.

★ 次の動詞を（　　　　）内の主語に対応させ、「互いに～しあう」という意味の文にしましょう。
  1) (nosotros) ver mañana　　2) (nosotros) dar un abrazo　　3) (los turistas) ayudar

12.4 行為者が示されない文における se の用法

- 行為者（「誰が（～する）」）を伝える必要のない文では、「se＋動詞の3人称形」がよく用いられます。
- この用法では、さまざまな動詞が用いられます。
- この用法には、次の2通りの構造があります。これらの構造の境界はやや曖昧です。

12.4.1 主語のある構造

- 他動詞（直接目的語を必要とする動詞）が取りうる構造です。
- 行為者の存在が想定されなければ「現象」、想定されれば「受身」の意味になります。
- 文脈によっては主語が明示されません。

Las puertas se **abren** automáticamente.	ドアは自動的に開く。	現象
En el mercado se **venden diferentes** frutas.	市場ではいろいろな果物が売られている。	受身
A: ¿Dónde se **cobra** la entrada? B: Se **cobra** allí, en la taquilla.	「入場料はどこで徴収されますか？」 「あそこの切符売り場で徴収されます。」	受身
¿Cómo se **dice** "papa" en japonés?	"papa"は日本語では何と言われますか？	受身

★ 上の表の例文の一部（動詞以外）を他の語句に変えて自分で例文を作ってみましょう。

12.4.2 主語のない構造

- 「se＋動詞の3人称単数形」が用いられます。
- 具体的な行為者を想定せず、「（一般的に）～する・～である」という意味を表します。
- 旅行会話では、「私」という意味を出さずに自分の希望を婉曲的に表現するために多用されます。

A: ¿Cuánto tiempo se **tarda** desde Narita hasta Bogotá? B: Se **tarda** aproximadamente veinte horas.	「成田からボゴタまでどのくらい時間がかかりますか？」 「約20時間かかります。」
Se **come** muy bien en este restaurante.	このレストランはおいしい。
¿Cómo se **va** a la estación?	駅までどう行けばよいですか？
¿Se **puede pagar** con tarjeta de crédito?	クレジットカードで払えますか？

★ "se puede"を用いて、次のことが可能かどうかを尋ねる文を作りましょう。
  1) このパス (pase) を使用する (usar)　　2) 駅まで歩いて (andando) 行く
  3) これを手で (con la mano) 食べる

1　自撮りしよう

1.1　自撮りをする

★ ペアになって、カメラを準備しましょう。次の行為をしながらあなた自身を主語としてスペイン語でその行為を表現し、相手に伝えましょう。

1) tomarse una foto　　　　　2) mirarse en la foto

1.2　相手の意向を尋ねる

★ 次の動詞と上の動詞の句を組み合わせ、相手に意向（自撮りをすることについて）を尋ねましょう。相手は肯定で答え、その行為（自撮り）をしましょう。

1) querer　　　　　　　　　2) ir (a)

2　相手の写真を撮影してあげよう

70

2.1　写真撮影の流れを作ろう

★ 次のような流れで、セリフのやりとりと行為をうまく組み合わせ、互いに写真を撮りあいましょう。

1	A:	¿Te {hago / tomo} una foto?	AがBに写真を撮ることを申し出る。
2	B:	Sí, por favor.	Bが同意してお願いする。
3	A:	¿Me prestas tu {cámara / móvil}?	AがBにカメラ（携帯）を貸すよう求める。
4	B:	Sí, aquí {la / lo} tienes. (...) ¿Dónde me pongo?	Bがカメラ（携帯）を貸す。どこに立つのがよいか尋ねる。
5	A:	¿Puedes ponerte ahí?	Aが、場所を指定する。
6	B:	¿Aquí?	Bがその場所を確認する。
7	A:	Más cerca. (...) Bien. ¿Estás listo?	AがBの場所を調整する。準備できたか尋ねる。
8	B:	Sí.	Bが準備できたことを伝える。
9	A y B:	{¡Güisqui! / ¡1, 2, 3! / ¡Patata!}	AとBがタイミングを合わせる。Aが撮影する。
10	A:	Ya está. ¿Quieres ver la foto?	Aが撮影完了を伝え、写真を見たいかBに尋ねる。
11	B:	Sí. (...) Muy bien. Me gusta. Gracias. ¿Ahora te hago una foto yo?	Bが肯定の返事をし、写真を確認する。写真を気に入る。お礼を言い、今度は自分が撮影することを申し出る
12	A:	Sí, por favor.	Aが同意してお願いする。

2.2　服装を変えて撮影しよう

★ 次の物から選んで、身に着けたり（ponerse）脱いだり（quitarse）する表現を上の表中のやりとりに組み込んで、もう一度互いに撮影しましょう。

1) el abrigo　　　　2) la chaqueta　　　　3) los guantes　　　　4) las gafas

Más allá (3)

A 地域による言語の違い

　スペイン語は、スペインおよびメキシコからアルゼンチンまでのアメリカ地域の多くの地域で日常的に話されています。このため、世界規模で通じやすいという便利さとともに、使用地域による表現方法の多様性を、学習者は経験することになります。この多様性を完全に知ることは不可能であっても、いくつかの傾向や使用頻度の高い表現を知っておくと便利です。

　"ce", "za" などの発音の違い、vosotrosの系列の有無については、第1部で学んだとおりです（☞ p.7, p.8, **2.2, 2.4**; p.20, **Más allá (1)** E ）。ここでは、旅行や日常生活に関連した地域差について、もう少し見てみましょう。

A-1 語彙の違い

●旅行や教室会話では、いくつかの単語を知っておくと便利です。

	En España	En Hispanoamérica
ジュース	zumo	jugo
ジャガイモ	patata	papa
車（自動車）	coche	carro, auto
バス	autobús	camión, ómnibus, colectivo
券	billete	boleto
コンピューター	ordenador	computador, computadora

●建物の階については、ヨーロッパでは道路と同じ高さの階を「地階 (el piso bajo, la planta baja)」、その上の階から順に「1階 (el primer piso)」「2階 (el segundo piso)」などと呼ぶことが多いです。

A-2 表記の違い

● **9.3** (p.44, p.45) の表の小数点はイスパノアメリカ式の表記です。スペインでは次のようになります。違いがわかりますか？

各都市の月平均気温				Temperatura media por mes(℃)					
ciudad	país	latitud	altura(m)	enero	marzo	mayo	julio	septiembre	noviembre
Ciudad de México	México	19,40N	2 309	14,0	17,6	19,3	17,0	16,9	15,1

●スペインとイスパノアメリカでは大まかに次のような違いがありました。（　　　）内は記号の名称です。

	En España		En Hispanoamérica	
小数点	14,0	(coma)	14.0	(punto)
千単位の区切り	14.000	(punto)	14,000	(coma)

●近年では、千単位の区切りでは、本書記載のように "2 309" のように千単位で1スペース設けるのが、スペイン語圏全体で普通です。一方、小数点は従来通りです。

　スペイン語はヨーロッパ地域とアメリカ地域にまたがって生きている言語ですので、様々な違いがあります。郷に入っては郷に従い、多様性も楽しみながら学び続けましょう。

B 従属節

動詞人称形を中心とした意味のまとまりが、別の構造の一部として組み込まれる場合があります。いわば、文が別の文の一部になる場合です。本書では、組み込まれる部分を「従属節」と呼びます。通常は、従属節の導入を示す標識となる語 [句] が明示されます。標識は疑問詞を除いてすべてアクセントを持ちません。

意味の構造が複雑になりますが、全体における中心部分を常に把握することが理解のポイントです。

B-1 名詞句の補足部

● 名詞句の補足部の中で動詞人称形を用いる場合には、関係詞を従属節導入の標識として用います。主要部の名詞と補足部の動詞との関係によって、que や donde などの関係詞を使い分けます。

名詞句			
導入部	主要部	補足部	
la	ciudad	que **está** más cerca de aquí	ここから一番近い都市
la	ciudad	que **quiero** visitar	私が訪れたい都市
la	ciudad	en [la] que* **vivo** ahora donde **vivo** ahora	私が今住んでいる都市

＊関係詞が前置詞や定冠詞を伴う場合もある。

B-2 動詞の直接目的語

● ある文の直接目的語が別の文（従属節）になる場合、基本的には接続詞 que で導入します。従属節の内容が疑問の場合は接続詞 si（「～かどうか」）あるいは、疑問詞 [句] で導入します。文の中心となる動詞が構成する部分を「主節」といいます。

主節	従属節	従属節の導入標識
Yo **creo**	que **podemos tomar** un taxi en la estación.	que:「と（いうこと）」
El guía **dice**	que **va a llover** por la tarde.	que:「と（いうこと）」
¿**Sabes**	si este tren **va** hasta Sevilla?	si:「～かどうか」
¿**Sabe** usted	dónde se **puede cambiar** la moneda?	dónde:「どこで」
¿**Puede decirme**	a qué hora **sale** el próximo vuelo para La Paz?	a qué hora:「何時に」

B-3 状況補語

● ある文の状況補語が従属節になる場合、主節との意味的な関係によって、接続詞を使い分けます。主節と従属節の順番は一定しませんが、理由の節では順番によって接続詞が異なります。

Nos levantamos	cuando **sale** el sol.	時
Vamos al cine	si **tienes** tiempo.	条件
Tenemos que salir del hotel	aunque **va a llover** pronto.	譲歩
Tengo que irme	porque ya **es** tarde.	理由
Como nos **queda** poco tiempo,	**vamos** directamente a la pirámide.	理由

C 動詞の接続法

　第3部までに学んだ動詞の人称形は、「直説法現在形」でした。次のページから始まる第4部では、それ以外の動詞の形が出てきます。たくさんある形をすべて覚えて使いこなすには時間がかかりますが、基本的なことがらを学ぶことで旅のスペイン語の世界がいっそう充実するでしょう。ここでは、動詞の接続法現在形を扱います。

　接続法は、おおまかには次のような条件で用いられることが多いです。
　　1）従属節で用いられやすい（ただし本書では従属節内でない用法を中心に学ぶ）。
　　2）事実になっていない事柄を表すことが多い。
以下、接続法現在形の作り方および単純な用法を見ていきましょう。

C-1 接続法現在形の作り方

● ほとんどの動詞では、次の手順で作ることができます。
　　1）直説法現在1人称単数形を利用する。
　　2）語尾を次のように変える。
　　　・ ar動詞の場合　　→　母音を e にする (-e, -es, -e, -emos, -éis, -en)
　　　・ er, ir動詞の場合 →　母音を a にする (-a, -as, -a, -amos,-áis, -an)
　　　　　hablar: hable, hables, hable, hablemos...　　ver: vea, veas, vea, veamos...

★ 次の動詞を接続法現在形に活用させましょう。

　　1) tomar　　　　　2) comer　　　　　3) escribir　　　　4) decir
　　5) hacer　　　　　6) poner　　　　　7) seguir　　　　　8) tener

● 母音変化動詞 (i→ie, o→ue) の場合、アクセント位置と母音変化の有無に注意が必要です。
　　poder: pueda, puedas, pueda, podamos, podáis, puedan
● 手順1)にあてはまらない動詞もありますが、2)については同じです。estarはアクセント位置に注意。
　　ser: sea, seas...　　ir: vaya, vayas...　　estar: esté, estés...

C-2 接続法現在形の用法

★ 右の3つの写真から接続法現在形を4つ見つけましょう。そのうち従属節内で用いられているものはどれかわかりますか？

● 右の写真にある接続法現在形で従属節内にあるものは、接続詞mientras（「～する間」）に導かれています。まだ事実になっていない事柄を表しています。

● 他の3つはUnidad 13で学ぶ命令表現です。

Mantenga el cinturón abrochado mientras esté sentado
Fasten seat belt while seated

●●● 第4部のねらい ●●●

教室でのやりとり	旅のスペイン語
A 相手に何か簡単なことをしてもらおう。 B 「したこと・できごと」を伝えよう。 C 春休みの予定について話そう。	Unidad 13 旅行のお手伝いをしよう。 Unidad 14 旅の経験について話し合おう。 Unidad 15 日本について話そう。 Unidad 16 これからの旅について話そう。

	基本的なセリフ	バリエーション
A 🔊71	A:　Oye. B.　Sí, dime. A:　¿Sabes cuándo es el examen final? B:　No lo sé. A:　¡Hola, Noriko! Ven aquí. B:　Sí, voy. (...) ¿Este asiento está ocupado? A:　No, no. Siéntate aquí.	肯定命令形（相手が1人の場合） *原形 / túへの肯定命令* oír / **oye** escuchar / **escucha** mirar / **mira** escribir / **escribe** leer / **lee** hacer / **haz**

肯定命令形（相手が1人の場合）

原形	tú への肯定命令
oír	**oye**
escuchar	**escucha**
mirar	**mira**
escribir	**escribe**
leer	**lee**
hacer	**haz**

B 🔊72

Profesor:　　　¿Habéis hecho los deberes?
Estudiante A: Sí, los he hecho.
Estudiante B: No, yo no los he hecho. No he tenido tiempo para hacerlos. Lo siento.

Profesora:　　¿Habéis traído el diccionario?
Estudiante A: Sí, lo he traído.
Estudiante B: ¡Uy! Yo no. Lo he ovidado en casa.

Estudiante:　Hoy he llegado tarde a clase.
Profesora:　¿Qué te ha pasado?
Estudiante:　Me he levantado un poco tarde y he perdido el tren.
Profesora:　Has tenido mala suerte.

現在完了形

[no] +[弱代]+ haber人称形 + 過去分詞				
[no]	[se] [me] [lo] ...	he has ha	hemos habéis han	（規則） dejado tenido （不規則） hecho*

hacer* {los deberes / las tareas}
llegar {a tiempo / tarde} a clase
perder {el tren / el autobús / el manual}
tener {buena suerte / mala suerte}
traer {el diccionario / el manual}

• イスパノアメリカのスペイン語では、Bのやりとりは通常点過去形で行われる。

C 🔊73

A:　¿Tienes algún plan para las vacaciones de primavera?
B:　Sí, durante las vacaciones viajaré por Shikoku con unos amigos. ¿Y tú?
A:　Yo iré a una autoescuela.

未来形（動詞原形＋未来形の語尾）

iré	iremos	（不規則）
irás	iréis	har- (←hacer)
irá	irán	tendr- (←tener)

¡Vamos a ayudar a los turistas! (旅のお手伝いをしよう！)

京都にはたくさんの観光客がやってきます。第4部では、実際のスペイン語話者の観光客に登場していただいています。旅行者はほぼ常に、今これからどうすべきか気にしています。そのような状況では、命令形を用いてすべきこと・すべきでないことを明確にアドバイスするとよいでしょう。

74

- 相手に行為をさせるはたらきかけを遠慮なく行う場合には、命令形がよく用いられます。
- 状況と使用語彙がわかれば意味はわかりやすいのですが、形には注意を要します。

★ 写真と照らし合わせながら次のセリフの意味を確認しましょう。赤字が命令形です。

状況と写真	セリフ	相手の出身地と人数
有人改札口にいる男性が同行の女性に先を譲る。❻	A: **Pasa, pasa**. Las damas primero. B: Gracias.	1人
伏見稲荷大社で旅行者が鳥居の場所を探している（全員スペイン人）。❷	A: **¡Mirad!** Allí va mucha gente. Los *torii* deben estar por allí. B: Pues, vamos.	スペイン 2人以上
旅行者（やや年長者）に、地下鉄京都駅ホームで、先斗町への行き方を教える。❶	**Tome** aquel tren. **Baje** en Shijo y **salga** del metro. Después **tome** la línea de Hankyu hasta Kawaramachi. **Pregunte** allí por la calle Pontocho.	1人
清水寺の前で、今晩夜行バスで東京に向かう旅行者に、この近辺での時間の過ごし方についてアドバイスする。❹	**Fíjese** en este mapa. Estamos delante del templo Kiyomizudera. **Siga** esta calle y **gire** la primera a la izquierda. Hay una cuesta muy bonita. **Baje** la cuesta viendo el paisaje y las tiendas de recuerdos. **Cruce** la avenida Higashiyama y **tome** la calle Shijo. Allí hay muchos restaurantes para cenar bien.	1人
若い旅行者に蕎麦の食べ方を教える。❸	A: Primero, **pon** la salsa en esa taza. Luego, **pon** el puerro, *negi*, en la taza. **Toma** unos fideos, **rebózalos** en la salsa y **llévalos** a tu boca. B: Voy a meter esta cosa verde también. A: ¡No! **¡No la metas** de una vez! Es muy picante.	1人
JR京都駅改札口でスペイン人旅行者同士が持ち物を確認する。❺	A: **Sacad** el pase *Japan Rail Pass*. B: Sí, ya lo tengo en la mano. C: **No os olvidéis** de nada. Ya nos vamos de Kioto.	スペイン 2人以上

★ 動詞（赤字の部分）の形を次のような表に整理しましょう。

直説法現在3単（と同じ形）	語末が-d	接続法現在形
例）pasa（←pasar）		

13.2.1 肯定命令形

13.2.1.1 基本形

主語 原形	tú	vosotros	usted	ustedes
（規則形）mirar	mira	mirad	mire	miren
（不規則形）tener	ten	tened	tenga	tengan
作り方	（規則形）直説法現在3単と同じ	原形の語尾	接続法現在形	
	（不規則形）短くなる	-r → -d		

● túに対する肯定命令形（不規則形）

　　decir → di ／ hacer → haz ／ poner → pon ／ venir → ven

★ 動詞を2つ組み合わせて作られた次の文を、動詞1つの命令形の文にしましょう。

　1) ¿Puedes venir aquí?

　2) Tienes que hacer más deporte.

　3) ¿Puedes llevar estos documentos a la oficina?

　4) Debéis tener mucho cuidado con el tráfico.

　5) ¿Puede usted escribir su nombre aquí?

　6) Ustedes deben seguir los consejos del guía.

13.2.1.2 弱形代名詞とともに

●人称代名詞（弱形）は必ず動詞の直後につき、動詞とつなげて書きます。アクセント記号に注意しましょう。

主語 原形	tú	vosotros	usted	ustedes
darme	dame	dadme	deme	denme
ponerse	ponte	poneos*	póngase	pónganse

＊2人称複数形は再帰形の場合、動詞語尾の-dが脱落する。

★ 次の文を命令形の文にしましょう。

　1) Tienes que cuidarte. Estás enfermo.　　2) Tienes que probar el *takoyaki*.

　3) ¿Podéis poneros el salvavidas, por favor?　　4) Puedes quitarte el abrigo.

　5) ¿Puede usted mostrarme el pase?　　6) ¿Quieres ayudarme con las maletas?

13.2.2 否定命令形

●否定命令形ではいずれの場合も次のようになります。

　1) 接続法現在形を用いる。

　2) 弱い代名詞は動詞の直前。

主語 原形	tú	vosotros	usted	ustedes
tener miedo	**no tengas** miedo	**no tengáis** miedo	**no tenga** miedo	**no tengan** miedo
tocarlo	**no lo toques**	**no lo toquéis**	**no lo toque**	**no lo toquen**

★ 主語を4通りに変えて、否定命令形の文を作りましょう。

　1) beber esa agua　　2) molestarnos　　3) preocuparse　　4) perderse en el camino

¡Vamos a practicar!

ここでは相手を1人とし、tú もしくは usted に限定して練習しましょう。

1 とっさのひとこと

★ 次の各状況（👤👤）で、あなたはどう言えばよいでしょうか？次の動詞から選んで肯定命令形を作りましょう。

cuidarse / decirme / disculpar / esperar / oír / perdonar

状況	表現
1)	迷ったので通りがかりの人に道をきくために呼び止めたい。	, por favor.
2)	忘れ物をしたまま去ろうとする人を呼び止めたい。	
3)	（スペインで）電話がかかってきたので応答したい。	Sí, ¿ ?
4)	風邪をひいている人に別れの挨拶に添えて健康を気遣いたい。	
5)	遅刻したのでとりあえず謝りたい。（2つの言い方がある）	

2 旅行のアドバイス：肯定？否定？

★ 次の表現を命令形にして、1人の相手（👤）に旅のアドバイスをしましょう。肯定・否定のどちらの命令形にすべきかは自分で判断し、クラスメートや先生と確認しましょう。そのようなアドバイスをする根拠を言えますか？

1) vigilar tu equipaje	2) meter tu pasaporte en la maleta al tomar un avión
3) contratar un seguro de viajes	4) quitar el agua de la bañera después de bañarte

3 旅行のアドバイスの文章を作ろう。

75

★ あなたの知っている町（日本でも外国でもよい）を1つ選び、命令形（肯定・否定）を用いて旅のアドバイスの文章を作りましょう。

アドバイスの文章（例）	命令形（代名詞との組み合わせに注意）
Si vas a Nara, visita(1) el parque de Nara. Es muy grande y tiene muchos lugares interesantes. Hay muchos ciervos. Dales(2) *shika senbei* (galletas para ciervos). Se venden en el parque. No las comas(3) tú, porque no están muy buenas. Ten(4) cuidado con los ciervos. No les hagas(5) burla, porque a veces se ponen agresivos.	(1) 肯定命令 (2) 肯定命令＋間接目的格代名詞 (les = a los ciervos) (3) 否定命令＋直接目的格代名詞 (las=las galletas para ciervos) (4) 肯定命令 (5) 否定命令

¿Están ustedes disfrutando de Japón? (日本を満喫していますか？)

この課では、スペイン語圏観光客に、今何をしているか、どんな経験を日本でしたかについて簡単インタビューをします。「（発話の）今」を意識して、進行形と完了形を使い分けましょう。

76 **1**

En primavera

2

3

Somos puertorriqueños, de San Juan.
Estamos en Kiyamachi, en Kioto.

Somos españoles, de Valencia.
Estamos en el distrito Pontocho.

En verano

4

5

6

En otoño

Somos dominicanos, de Santo Domingo.
Estamos en el santuario Fushimi Inari Taisha.

7

En invierno

8

9

10

Somos españoles, de Valladolid. Estamos en
la galería comercial de Teramachi, en Kioto.

● 動詞を 2 つ組み合わせると、「今（＝発話時）」その活動が展開中であることを明確に表すことができます。

1) 動詞 estar を直説法現在形で用い、「今の状態」であることを示す（☞ p.29, **6.4.2**）。

2) 動詞の現在分詞（不変化）で、その行為がある時点において継続中であることを表す。

現在進行形		
動詞 estar の人称形	現在分詞 (-ar → -ando, -er/-ir → -iendo)	
	（規則形）	（不規則形）
estoy　estamos estás　estáis está　están	estudi**ando**　(← estudiar) com**iendo**　(← comer) escrib**iendo**　(← escribir)	l<u>e</u>yendo　(← leer) d<u>u</u>rmiendo　(← dormir)

Estoy esperando un taxi.

¿Qué **están buscando** ustedes? — **Estamos buscando** una farmacia.

¿**Está lloviendo** ahora? — Sí, **está lloviendo** mucho.

🔊 **77**

★ 次の各文は、いろいろな季節に日本を訪れている一人旅の人々がそれぞれ写真撮影をしながら、ちょうどその時に（＝「今」）していることや周囲の様子などを説明しているものです。（　　）内の動詞原形を現在進行形にして、文を完成させましょう。

Ahora (volar) sobre el monte Fuji. ¡Qué bonito!	❶
(Descansar) en mi habitación del *minshuku*. Esta noche voy a dormir en este futón.	❹
(Visitar) el castillo de Matsumoto. Es una maravilla.	❺
(Ver) un festival en el santuario de Ishikiri. Muchos jóvenes (llevar) un *dashi* o* carroza.	❻
(Pasear) por el distrito de Kiyomizu, en Kioto. (Ponerse) oscuro**.	❽
(Andar) sobre la nieve para llegar al castillo de Hikone. Ya no (nevar).	❿

＊　接続詞 o は、直前の語句を別の表現で言い換える時にも用いられる。

＊＊「暗くなる」。無主語の文で 3 人称単数形となる。弱形代名詞 se は動詞人称形の直前に置くとよい。

★ 次の各文は、京都観光に来ているスペイン語圏からの旅行者たちがインタビューに答えたものです。質問 "¿Qué están haciendo ahora?"（🚶🙋）の答えとして、（　　）内の動詞原形を現在進行形にし、やりとりを作りましょう。

1) (Disfrutar) de las flores de los cerezos de noche.	❷
2) (Buscar) un restaurante típico de Kioto.	❸
3) (Andar) por debajo de todos estos *torii*. Es una experiencia fantástica.	❼
4) Ahora (hacer) compras. Queremos comprar unos recuerdos.	❾

14.2 旅行中にしたことを現在完了形で表現する

●既に実施したこと・生じたことについて「（発話の）今」を意識しながら述べる時には、現在完了形が好んで用いられます。動詞を2つ組み合わせて作られます。

1）動詞haberの直説法現在形で、「今」の時点では既に事柄が生じたことを表します。

2）動詞の過去分詞形で、既に生じた事柄を表します。完了形では過去分詞は不変化です。

現在完了形				
動詞 haber の人称形	過去分詞 (-ar→-ado, -er/-ir→-ido)			
	（規則形）	（不規則形）		
he　　hemos	est**ado**　（←estar)	hecho　（←hacer)	vuelto　（←volver)	
has　　habéis	com**ido**　（←comer)	dicho　（←decir)	escrito　（←escribir)	
ha　　han	**ido**　　（←ir)			

●現在完了形は、次のような場合に用いられます。スペインの方がアメリカ地域よりよく使われます。

1)「（既に）実現済み」あるいは「（まだ）未実現」かを明確にする場合。

　　　　¿**Has comprado** ya el billete? − Sí, ya **lo he comprado**. / No, **no lo he comprado** todavía.

2) 最近生じたことが今の気持ちや今後のことに影響するような場合。

　　　　Ha nevado mucho en Hikone. ¡Qué bonito! ❿

　　　　Me **han robado*** la cartera. ¡Qué rabia!　　　　　*行為者を特定しない場合に3人称複数形が用いられる。

3) 過去に生じたことを現時点までの経験として述べる場合。いつ生じたかは無関係。

　　　　¿**Ha estado** usted alguna vez en Hokkaido? − Sí, **he estado** allí una vez.

　　　　¿**Has probado** alguna vez el *takoyaki*? − No, no lo he probado nunca.

★ 前のページに書かれたことをそれぞれの人が行いました。彼らはまだ日本を旅行中です。彼らに、日本で何をしたか 👱 🧍‍♀️の2通りで尋ねましょう。（　　）内の動詞原形を現在完了形にし、答えを作りましょう。

a) 相手が1人： 👱 ¿Qué has hecho en Japón? / 🧍‍♀️¿Qué ha hecho usted en Japón?

1)	(Ver) el monte Fuji desde el avión. ¡Mira esta foto!	❶
2)	(Alojarse) en un *minshuku*. (Dormir) en un futón.	❹
3)	(Visitar) el castillo de Matsumoto. El castillo de Matsumoto es espléndido.	❺
4)	(Ver) un festival de verano. (Divertirse) mucho. Me encanta.	❻
5)	(Visitar) el castillo de Hikone. Es muy bonito, pero me (costar) andar sobre la nieve.	❿

b) 相手が複数： 👱 ¿Qué habéis hecho en Japón? / 🧍‍♀️ ¿Qué han hecho ustedes en Japón?

1)	(Pasear) por el distrito de Kiyomizu. El atardecer de Kioto es fantástico.	❽
2)	(Disfrutar) de las flores de los cerezos de noche. Es mi mejor experiencia en Japón.	❷
3)	(Andar) por debajo de los numerosos *torii*. Si no (estar) nunca allí, te lo recomiendo.	❼
4)	(Hacer) muchas compras en Kioto. Son recuerdos para nuestros familiares.	❾

1 観光客にインタビューしよう*

★ 京都滞在中の観光客にインタビューします。インタビューをしているのは、Itinerario（「行程」）中の ¡Ahora! の時点です。これまで学んだ内容を利用して、次の内容を尋ねるやりとり（👤👤）を作りましょう。質問項目 2）と 5）については、「ir 人称形 ＋a＋ 動詞原形」（☞ p.35, **8.1.3**）を用います。情報の不足な部分は自由に補ってください。

1) 氏名・出身地・職業　　2) 日本の滞在期間　　3) これまでに行った場所・したこと
4) 京都で寺（清水寺など名称を特定する）にすでに行ったかどうか　　5) 今後の予定

*実際にインタビューをする際は相手の迷惑にならないよう十分配慮しよう。

	A	B	C
Nombre	Pilar y Ana	Teresa y Rafael	Araceli
Procedencia	Burgos (España)	Madrid (España)	Veracruz (México)
Profesión	Ingenieras	Contadora y profesor de física	Médica
Estancia en Japón	28 de abril a 13 de mayo (16 días)	12 a 23 de agosto (12 días)	1 a 6 de noviembre (6 días)
Objetivo de venir a Japón	-Conocer un mundo diferente	-Subir al monte Fuji -Conocer el zen	-Participar en un congreso académico
Itinerario	**28 de abril: Osaka** **29 a 30: Hiroshima** -Visitar el Museo Memorial de la Paz y la isla Miyajima **1 a 2 de mayo: Naoshima (Kagawa)** **4 a 6: Takayama** -Experimentar la vida rural tradicional **7 a 9: Kioto** -Visitar Fushimi -Visitar el Palacio Imperial ¡Ahora! **10 a 12: Wakayama** -Hacer senderismo por el Kumano Kodo **13: Osaka**	**12 a 13 de agosto: Tokio** **14 a 17: monte Fuji y lago Kawaguchi** -Subir al monte Fuji -Bañarse en unas aguas termales **18 a 21 de agosto: Kioto** -Visitar el templo Tenryuji -Ver el jardín seco del templo Ryoanji -Visitar el templo Kiyomizudera -Pasear por el distrito de Kiyomizu ¡Ahora! **22 a 23: Osaka**	**1 a 3: Kioto** -Hacer una presentación sobre los cánceres en el congreso -Ver unos templos antiguos **4 a 6: Kioto y Nara** -Visitar Fushimi con una guía turística ¡Ahora! -Visitar Nara con ella

¡Vamos a caminar por la hIstorIa! （歴史を歩こう！）

紀伊半島の熊野古道、北スペインのサンティアゴ巡礼路、南米アンデスのインカ道。かつて多くの人々が行きかい、今も歩く人々が絶えません。この課では動詞の２つの過去形を学びます。内容が難しいところもありますが、文章を読むことも語学の旅です。ゴールは近い！

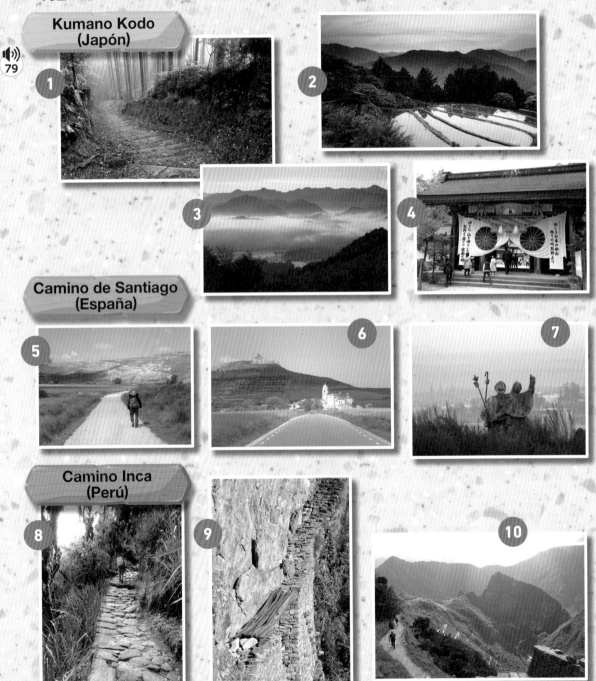

Kumano Kodo
(Japón)

79

Camino de Santiago
(España)

Camino Inca
(Perú)

15.1 過去の状況・習慣を線過去形で表現する

● 過去における状況や習慣について述べる場合、線過去形（未完了過去形）が用いられます。
● 英語の「used to＋動詞原形」、日本語の「～ていた」と意味がやや似ています。
● 語尾のアクセント位置がすべて同じです。アクセント記号の有無に注意しましょう。

規則活用				不規則活用（3つのみ）					
-ar動詞		-er動詞・-ir動詞		ser		ir		ver	
viajar		tener							
viaj**aba**	viaj**ábamos**	ten**ía**	ten**íamos**	era	éramos	iba	íbamos	veía	veíamos
viaj**abas**	viaj**abais**	ten**ías**	ten**íais**	eras	erais	ibas	ibais	veías	veíais
viaj**aba**	viaj**aban**	ten**ía**	ten**ían**	era	eran	iba	iban	veía	veían

Hace 500 (quinientos) años* **había** muchos castillos en Japón.

* hace+経過期間：「～前（今から過去に遡った期間）」

Yo **vivía** en Tohoku cuando **era** pequeño.（接続詞 cuando ☞ p.59, **Más allá (3)** B-3 ）

★ 熊野詣（くまのもうで）について書かれた次の各文章を、写真も見ながら読みましょう。

La peregrinación por el Camino Kumano Kodo **era** muy popular durante el período de Heian y el de Kamakura, entre el siglo X y el XIII. La gente de Kioto **tardaba** unos 30 días para recorrer unos 600 kilómetros en total, entre la ida y la vuelta.	❶
Era muy duro seguir la ruta, pero los peregrinos **veían** los hermosos paisajes y **sentían** la magia de los bosques de Kumano, donde vivían dioses según la creencia sintoísta.	❷
Los peregrinos **bajaban** desde aquí para llegar al santuario Kumano Hongu Taisha.	❸
Después de visitar este santuario, Kumano Hongu Taisha, los peregrinos **iban** por el río Kumano para visitar los otros dos santuarios.	❹

★ サンティアゴ巡礼およびインカ道について書かれた文章です。（　）内の動詞原形を線過去形にして、文を完成させましょう。音声を聴いて確かめましょう。

El Camino de Santiago (ser) un conjunto de rutas de la peregrinación hasta Santiago de Compostela. La ruta más popular (tener) unos 800 kilómetros de distancia, solo de ida. La peregrinación (ser) muy popular durante el siglo XII.	❺
En la ruta (hay) pueblos y conventos que (cuidar) a los peregrinos.	❻
Los peregrinos (estar) muy felices al ver* la ciudad de Santiago de Compostela, el final del camino. La gente (desear) un milagro por cumplir la peregrinación**.	❼

* al+動詞原形：「～する（した）時」　** 終点の大聖堂については ☞ p.34 ❶

Los incas (ser) muy poderosos en los siglos XV y XVI. Ellos (tener) una gran red de caminos por su inmenso territorio. Uno de ellos (ser) el Camino Inca a Machu Picchu.	❽
Antes (usarse) este puente. Es increíble pero es verdad. ¡Qué sorpresa!	❾
La gente (entrar) en la ciudad de Machu Picchu por este lugar, Inti Punku.	❿

15.2 過去にしたこと・生じたことを点過去形で表現する

- 過去にしたこと、生じたことを述べる場合には、点過去（単純過去）形を用います。
- なんらかの変化や時間的な区切り（終結）を含意しています（「〜した」「〜なった」）。
- 点過去形の活用はやや複雑です。不規則活用をする動詞も多いので、活用表で確認しましょう。

規則活用				不規則活用（例）			
-ar動詞		-er動詞・-ir動詞		ser / ir		hacer	
visitar		comer					
visité	visitamos	comí	comimos	fui	fuimos	hice	hicimos
visitaste	visitasteis	comiste	comisteis	fuiste	fuisteis	hiciste	hicisteis
visitó	visitaron	comió	comieron	fue	fueron	hizo	hicieron

¿Qué **visitaste** ayer?　− **Visité** el santuario Kumano Hongu Taisha. ❹

¿Cuándo **llegaste** a Japón?　− **Llegué*** el 15 de diciembre.　＊つづりに注意。

¿Qué **hicisteis** durante las vacaciones?　− **Fuimos** al norte de España. ❺❻❼

★ 次の３つの文を読み、それぞれがどの道について述べたものか答えましょう。

1)	Por la peregrinación de mucha gente, se desarrollaron varias ciudades grandes como Burgos y León. Se construyeron unas catedrales de estilo gótico muy bonitas.
2)	Los españoles conquistaron el imperio en 1534, pero no pudieron encontrar la fortaleza escondida.
3)	Algunas de sus rutas fueron declaradas* como Patrimonio de la Humanidad por la UNESCO en 2004.

＊ fueron declaradas:「ser ＋ 過去分詞（性数一致）」は英語の「be ＋ 過去分詞」と同様、受身を表す。

15.3 ２つの過去形および現在完了形の使い分け

- 過去形および現在完了形は、発話者が発話時より前の事柄をどう伝えたいのかによって決まります。次のような意味的機能を考えながら行うとよいでしょう。

	意味的機能	例文	例文に対応する日本語
線過去形	過去の状況・習慣	Antes yo **comía** poco.	以前私は小食だった。
点過去形	過去にしたこと・出来事（発生・終結・変化）	Ayer **comí** con unos parientes.	昨日私は親せきと食事をした。
現在完了形	過去の事柄を「今」と関連させて述べる。	Ya **he comido**. (Ahora no tengo hambre.)	私はもう食事をした（今は空腹ではない）。

★ 次の各文は３つの道を歩いた人のセリフです。使い分けに注意して読みましょう。

Cuando **llegamos** al mirador, **había** niebla en el valle Ooyunohara (大斎原). El cielo **estaba** rojizo. ¡Qué místico!	❸
Decidí alojarme en ese pueblo porque **era** muy bonito.	❻
¡Por fin **hemos llegado** a nuestro destino! **Hemos caminado** durante cuatro días por el Camino Inca.	❿

1 旅の記録を読もう・加工しよう

((82))

熊野古道はサンティアゴ巡礼路と姉妹道の協定 (acuerdo de hermanamiento) を結んでいます。これにちなみ、和歌山県とガリシア州 (Galicia) は、青少年交流事業 (intercambio juvenil) を行っています。右の写真は、ある年の8月にガリシアの若者たち15人が2泊3日で熊野詣に参加した時のものです。

この時の参加者の1人 Concha（女性）が旅の記録*を書きました。その際、したことと当時の状況描写や感想を、下の表のように2つの欄に書き分けました。

*この記録は実際の交流事業に基づいたフィクション。

★ この記録のうち第2日の行程を次の手順で読み、さらに作業をしましょう。

音声を聴いて確認しましょう。

1) この記録の動詞は直説法現在形になっている。そのまま読解する。（←本書で学んできたことの復習）
2) Mis acciones の動詞を点過去形、Descripción の動詞を線過去形にする。（←この課の文法事項の復習）
3) Mis acciones の点過去形の主語の数を単数から複数にする。（←団体旅行らしいリアルな表現にする練習）
4) Mis acciones と Descripción の変形後の文を、ひとつの大きな文章にまとめ、ストーリー性を持たせる。

Mis acciones	Descripción
El segundo día, me levanto a las siete. Empiezo la caminata a las ocho. Camino cuatro horas y media, con unos descansos. A las doce y media llego al punto final de la caminata. Como en un restaurante.	-Hace buen tiempo. No hace mucho calor. El aire es puro y los bosques son profundos. La caminata es muy dura. Me gustan los *ojizo-san*.
Por la tarde voy al santuario Kumano Hongu Taisha en el autobús.	-Hay muchos turistas en el santuario.
Después de visitarlo sigo con el viaje en autobús y salgo a la costa del océano Pacífico. Me alojo en Katsuura. Ceno atún crudo.	-Es emocionante ver el océano Pacífico después de estar en las montañas. -El atún crudo está riquísimo*.

* riquísimo: 形容詞や副詞の語尾を -ísimo に変えると、muy より感情のこもった強調表現となる。ここでは形容詞 rico の [k] の発音を保つため、つづりが quí になっている。

★ 上の内容について質疑応答（Concha に対するインタビュー形式でもよい）をいくつか作ってみましょう。

例) Yo: ¿A qué hora te levantaste el segundo día?
　　Concha: Me levanté a las siete.

2 あなたの旅の思い出を書いてみよう

★ 上の記録や作業を参考に、あなたが経験した旅の思い出を簡単なスペイン語で書いてみましょう。

例) Hace dos años viajé por la península de Izu con dos amigos. El primer día (...)

Unidad 16

Seguiremos viajando por el mundo del español（旅を続けよう）

お別れの時が近づいてきました。旅人たちは次にどこに行くのでしょうか？ そして、自分は
いつか旅立つ時が来るでしょうか？ この課では、直説法未来形および接続法現在形を用いて、
今後のことについての推測や自分の行動についての意志、そして願望を表現していきます。あ
なたの願いがかないますように！ ¡Buen viaje!

🔊 83

● En la estación de Kioto

Mañana volveremos
a Barcelona.

¡Adiós! ¡Hasta luego!

¡Buen viaje!

1

2

● En la fiesta de despedida

Somos un grupo que apoya la
autonomía de las personas con
discapacidad. Hoy es el último
día del seminario con un grupo
de Costa Rica.

¡Aprenderé
español!

Espero que nos veamos
en Costa Rica.

¡Ojalá pueda
volver a Japón!

3

● En los aeropuertos
Aeropuerto Internacional de Narita

Subiré al avión
dentro de poco.

93 マドリード MADRID
11:15 搭乗中 BOARDING
IB6800

4

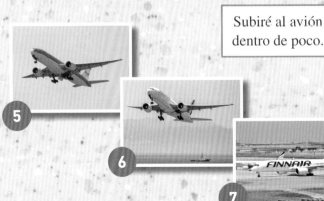

5

6

FINNAIR

7

¡Ojalá algún día...!

8

Aeropuerto Internacional de Kansai

16.1 今後の予定や推測を未来形で表現する

- 未来形は、今後生じると予測されることを表します。また、「（発話の）今」のことを推量する場合にも用いられます。
- 未来形はスペインでよく用いられます。イスパノアメリカでは、日常的には「ir 人称形＋a＋動詞原形」が用いられる傾向があります（☞ p.35, **8.1.3**）。
- 未来形の作り方は次の通りです。
  1) 動詞原形そのものが語幹となる（＝動詞原形そのものに語尾がつく）。
  2) 語尾は -ar, -er, -ir動詞の全ての場合で同じ。
  3) いくつかの動詞は語幹が独自の形。ただし語尾は規則形と同じ。

直説法未来形					
規則活用		不規則活用			
動詞原形＋語尾		独自の語幹＋語尾			
ir		podr-	(← poder)	saldr-	(← salir)
iré	iremos			tendr-	(← tener)
irás	iréis	dir-	(← decir)	vendr-	(← venir)
irá	irán	har-	(← hacer)	pondr-	(← poner)

Mañana **iremos** a Hiroshima. Por eso **saldremos** temprano del hotel.

A: ¿Qué tiempo **hará** en Nara el próximo sábado?

B: El pronóstico del tiempo dice que **nevará**.

Tendremos que llegar al aeropuerto dos horas antes de la salida del avión.

¿Dónde **estarán** ahora los turistas dominicanos que conocí en Kioto?

★ （　）内の動詞原形を未来形にして文を完成させましょう。原形の右の斜体部は主語を表しますが、文中に明示する必要はありません。その他の動詞の主語は文脈か写真で判断してください。

Hemos disfrutado la estancia en Japón. (Volver) a Japón algún día.	❶
(Tomar) el tren de las dos y doce. (Ir) a Tokio.	❷
Estamos celebrando la fiesta de despedida. Mañana (despedirse).	❸
(Subir, *yo*) al avión dentro de poco. El avión de Iberia nos (llevar) directamente a Madrid.	❹
El vuelo KL 868 (llegar) a Ámsterdam a eso de las tres de la tarde, hora de Europa Central.	❺
El viaje en el vuelo AF 291 (durar) unas doce horas y media.	❻
El vuelo AY 78 (tardar) diez horas hasta Helsinki.	❼
¿Cuándo (despegarse) el próximo avión? ¿Y de qué compañía (ser)?	❽

★ 「ir a＋動詞原形」の文を未来形の文に書き換えましょう。

1) Voy a hacer una reserva para dos personas. 2) ¿A qué hora vas a levantarte mañana?
3) ¿Dónde vais a alojaros en Tokio? 4) ¿Cuándo van a volver ustedes a Japón?

Seguiremos viajando por el mundo del español

- 過去未来形は、おおむね英語のwouldに対応します。
- 未来形の語尾だけを置き換えて人称形を作ります。語尾は -er, -ir 動詞の線過去形の語尾と同じです。
- 本書では、依頼・希望・意見の表現用法として学びましょう。querer, poder の直説法現在形（☞ p.36, **8.3**）よりも、さらに相手に配慮した言い方です。遠慮がちに意向を伝える時に便利です。

直説法過去未来形			
規則活用		不規則活用	
deber		poder	
debería	deberíamos	podría	podríamos
deberías	deberíais	podrías	podríais
debería	deberían	podría	podrían

¿**Podríamos cancelar** nuestra reserva? Disculpe las molestias.	許可を求める
¿**Podría** usted **decirme** dónde se puede cambiar la moneda?	依頼する
¿**Le importaría*** subir la temperatura del aire acondicionado?	依頼する
Me gustaría* cambiar las fechas de mi alojamiento.	希望を伝える
No **deberíamos ensuciar** los lugares que visitamos.	意見を伝える
Yo **te recomendaría tomar** un taxi hasta la estación.	推薦する

* importar, gustar は後続の動詞原形以下の部分が主語（☞ p.47, **10.2**; p.48, **10.4**）。

★ 次の行為の表現を上の各種表現と自由に組み合わせて、常識的な意味の文を作りましょう。

1) participar en un curso de verano
2) molestar a los habitantes
3) pagar con tarjeta de crédito
4) {poner / apagar} el aire acondicionado

- ここでは接続法現在形（☞ p.60, **Más allá (3)** C ）を用いて願望・期待を表す文を2種類作ります。

16.3.1 従属節を用いる

- 願望・期待を意味する動詞の直接目的語として、願望の内容を組み込みます。内容はqueで導入します。
- 願望・期待を意味する動詞は直説法、願望の内容を表す動詞（従属節内）は接続法となります。

Deseamos que ustedes **tengan** un buen viaje.	❶❷
Espero que les **guste** Japón.	❶❷❸

16.3.2 「願望文」の構造を用いる

- 願望を意味する動詞は用いません。願望の内容を表す動詞は接続法です。

¡**Que tengas** un buen viaje!	que＋接続法現在	決まり文句の場合が多い。
¡**Ojalá podamos** vernos nuevamente!	ojalá＋接続法現在	発話者が表現を作る場合が多い。

¡Vamos a practicar!

1 別れ際のやりとりをしよう

★ あなた (A) と友人 (B) は、スペイン人旅行者数名 (C, D) と京都で知り合い、意気投合しました。今京都駅の改札で彼らを見送ります。メールアドレスを伝えあい、抱擁を交わしました。その後のやりとりを実演してみましょう（ 🙏 ）。

1	A:	Seguiremos en contacto.	これからも連絡を取り合おうという約束をする。
2	B:	Os escribiremos un email.	
3	C:	Vale. Nosotros también.	
4	D:	Volveremos a Japón algún día.	日本もしくはスペインで再会できることを願う。
5	C:	Os esperamos en España.	
6	A:	Sí. Me gustaría ir a España algún día.	
7	B:	A mí también. ¡Ojalá podamos vernos pronto!	
8	D:	Bueno, ya nos vamos. Nos están esperando.	やりとりを切り上げる。
9	A:	Vale. ¡Que tengáis un buen viaje!	旅の無事を祈る。
10	C y D:	¡Adiós! ¡Hasta luego!	別れの挨拶をする。
11	A y B:	¡Hasta luego!	

2 飛行機の出発予定時刻についてやりとりしよう

★ 次の表は関西国際空港からもうすぐ離陸する予定のヨーロッパ便のフライト情報です。未来形を用いて、出発予定時刻について質疑応答しましょう。

例) A: ¿A qué hora saldrá el vuelo LH743, con destino a Múnich?

　　B: Saldrá a las nueve menos cinco de la mañana.

Hora estimada de salida	Destino	Vuelo
8:55	Múnich	LH743
10:20	París	AF291
10:25	Ámsterdam	KL868
10:45	Helsinki	AY78

★ あなたはスペイン語圏の中でどこに行きたいですか？飛行機の最終目的地を想定し、日本の空港からその目的地の空港までのフライトをインターネットで調べ、未来形で表現してみましょう。調べ方がわからなければ先生に尋ねましょう。

3 飛行機を見送りながら自分の願望を表現しよう

★ あなたは空港で友人を見送りました。その後、展望デッキで次々飛び立つ飛行機に自分の夢を託します。どんな夢でも構いません。その夢や願望を、「¡Ojalá + 接続法現在」を用いて表現してみましょう。

縦書き右側：**16**　Seguiremos viajando por el mundo del español

1. 名詞のグループ

A. 不定代名詞：¿Quieres <u>algo</u>? ／ ¿Busca usted a <u>alguien</u>?

B. 名詞句：

● 導入部…な　　し：¿Tienes <u>hermanos</u>? / Ahora no tengo <u>tiempo</u>.

数　　量：①不定数量詞：¿Hay <u>alguna tienda</u> por aquí? / Hay <u>muchos hoteles</u>.

②数詞：Vemos <u>una iglesia antigua</u>. / Tengo <u>treinta y un euros</u>.

<u>Un amigo mío</u> conoce bien España.

Busco <u>unos cuadros pintados por Velázquez</u>.

Hay <u>muchos sitios bonitos que no conozco todavía</u>.

実物指定：①指示詞：¿<u>Este asiento</u> está ocupado?

②所有詞（弱形）：¿Dónde está <u>mi cartera</u>?

③定冠詞：Tenemos que pasar por <u>la aduana</u>.

<u>El monte Fuji</u> es la montaña más alta de Japón.

Llegamos a <u>la estación de Tokio</u> a las diez y media.

Esta es <u>la casa donde nació Picasso</u>.

C. 固有名詞：Soy de <u>Japón</u>. ／ <u>José</u> es un amigo mío.

D. 指示代名詞：¿Qué es <u>esto</u>? ／ <u>Eso</u> es muy importante.

E. 人称代名詞 ☞ 次頁 **2.**

指示詞（前置形）と定冠詞					
		指示詞			定冠詞
		近称	中称	遠称	
男性	単	este	ese	aquel	el
	複	estos	esos	aquellos	los
女性	単	esta	esa	aquella	la
	複	estas	esas	aquellas	las

所有詞			
持ち主の人称・数		弱形	強形
1	単数	mi[s]	mío[s]
2		tu[s]	tuyo[s]
3		su[s]	suyo[s]
1	複数	nuestro[s]	
2		vuestro[s]	
3		su[s]	suyo[s]

A		不定代名詞		
B	不定	名詞句		
		導入部	主要部	補足部
		なし	名詞	形容詞 所有詞（強形）
		①不定数量詞 ②数詞	男性名詞 — 単数形 / 複数形	前置詞＋名詞句 固有名詞
	実物指定	①指示詞 ②所有詞（弱形） ③定冠詞	女性名詞 — 単数形 / 複数形	関係詞＋従属節
C		固有名詞		
D		指示代名詞		
E		人称代名詞		

2. 人称代名詞

人称代名詞は名詞のグループに属するが、前置詞格を除くと、動詞と強い関係を持つ。

人称	数	強形（主格・前置詞の後）		弱形（動詞に付随）		
		主格	前置詞格	再帰・le[s] の代用	間接目的格	直接目的格
1	単数	yo	mí*		me	
2		tú	ti*		te	
3		usted**		se	le	lo / la
		él***				lo
		ella***				la
1	複数	nosotros,-as			nos	
2		vosotros,-as			os	
3		ustedes**		se	les	los / las
		ellos***				los
		ellas***				las

* 　 mí, ti は、前置詞 con と組む場合それぞれ conmigo, contigo となる。
** 　 この表では、文法の観点から usted[es] を 3 人称に分類している。
***この表に掲載されている人称代名詞 3 人称は、主格の場合「人」のみを指す。間接目的格は「人」の場合が多い。それ以外の場合は「物事」も指しうる。

3. 動詞のグループ

動詞は否定語 no や弱形代名詞を従える時、これらとともに 1 つのグループを形成する。このグループ内の要素の語順には強いルールがある。

3.1 人称形の場合

Pongo el sombrero aquí.
　　→ Lo pongo aquí.
Me he puesto la chaqueta.
　　→ Me la he puesto.
Le puse los zapatos al niño.
　　→ Se los puse.
No te pongas los zapatos aquí.
　　→ No te los pongas aquí.

否定	人称代名詞（弱形）		動詞（人称形）	
			例）poner の 1 人称単数形	
no	se	me te nos os le les	lo la los las	pongo estoy poniendo he puesto ponía puse podré pondría ponga

直説法現在
直説法現在進行形
直説法現在完了
直説法線過去
直説法点過去
直説法未来
直説法過去未来
接続法現在

3.2 原形・現在分詞・肯定命令形（人称形の例外）

Voy a ponerme la chaqueta.
　　→ Voy a ponérmela.
Ana está poniéndose las botas.
Ponte el abrigo si tienes frío.
　　→ Póntelo si tienes frío.

動詞（原形・現在分詞・肯定命令）		人称代名詞（弱形）	
原形（不定詞）	poner	me	lo
		te	la
現在分詞	poniendo	nos	los
		os	las
肯定命令	pon / ponga poned /pongan	le les se	

		パターン	規則活用			不規則活用		
			-ar動詞	-er動詞	-ir動詞	直現で1単のみ不規則		
非人称形		原形	**tomar**	**comer**	**vivir**	**dar**	**hacer**	**poner**
		現在分詞	tomando	comiendo	viviendo	dando	haciendo	poniendo
		過去分詞	tomado	comido	vivido	dado	hecho	puesto
		意味	取る	食べる	生きる・住む	与える	する・作る	置く
人称形	直説法	現在	tomo	como	vivo	**doy**	**hago**	**pongo**
			tomas	comes	vives	das	haces	pones
			toma	come	vive	da	hace	pone
			tomamos	comemos	vivimos	damos	hacemos	ponemos
			tomáis	coméis	vivís	dais	hacéis	ponéis
			toman	comen	viven	dan	hacen	ponen
		点過去	tomé	comí	viví	**di**	**hice**	**puse**
			tomaste	comiste	viviste	**diste**	**hiciste**	pusiste
			tomó	comió	vivió	**dio**	**hizo**	puso
			tomamos	comimos	vivimos	**dimos**	**hicimos**	pusimos
			tomasteis	comisteis	vivisteis	**disteis**	**hicisteis**	pusisteis
			tomaron	comieron	vivieron	**dieron**	**hicieron**	pusieron
		線過去	tomaba	comía	vivía	**活用メモ（1）** 直現2複のアクセント記号　tomáisなど（基本）…記号必要　dais, veis, vaisなど…記号不要		
			tomabas	comías	vivías			
			tomaba	comía	vivía			
			tomábamos	comíamos	vivíamos			
			tomabais	comíais	vivíais			
			tomaban	comían	vivían			
		未来	tomaré	comeré	viviré		**haré**	**pondré**
			tomarás	comerás	vivirás		harás	pondrás
			tomará	comerá	vivirá		hará	pondrá
			tomaremos	comeremos	viviremos		haremos	pondremos
			tomaréis	comeréis	viviréis		haréis	ponderéis
			tomarán	comerán	vivirán		harán	pondrán
		過去未来	tomaría	comería	viviría		**haría**	**pondría**
			tomarías	comerías	vivirías		harías	pondrías
			tomaría	comería	viviría		haría	pondría
			tomaríamos	comeríamos	viviríamos		haríamos	pondríamos
			tomaríais	comeríais	viviríais		haríais	pondríais
			tomarían	comerían	vivirían		harían	pondrían
	接続法	現在	tome	coma	viva	**dé**	**haga**	**ponga**
			tomes	comas	vivas	des	hagas	pongas
			tome	coma	viva	**dé**	haga	ponga
			tomemos	comamos	vivamos	demos	hagamos	pongamos
			toméis	comáis	viváis	**deis**	hagáis	pongáis
			tomen	coman	vivan	den	hagan	pongan
	命令法	(tú)	toma	come	vive	da	**haz**	**pon**
		(vosotros)	tomad	comed	vivid	**dad**	haced	poned

不規則活用							
母音変化e→ie	母音変化o→ue	母音変化e→i	不規則の度合いが高い				
empezar	**poder**	**pedir**	**tener**	**decir**	**ir**	**ser**	**estar**
empezando	(pudiendo)	pidiendo	teniendo	diciendo	yendo	siendo	estando
empezado	podido	pedido	tenido	dicho	ido	sido	estado
始める・始まる	できる	依頼する・注文する	持つ	言う	行く	〜である（属性）	〜にある・〜である（状態）
empiezo	puedo	pido	tengo	digo	voy	soy	estoy
empiezas	puedes	pides	tienes	dices	vas	eres	estás
empieza	puede	pide	tiene	dice	va	es	está
empezamos	podemos	pedimos	tenemos	decimos	vamos	somos	estamos
empezáis	podéis	pedís	tenéis	decís	vais	sois	estáis
empiezan	pueden	piden	tienen	dicen	van	son	están
empecé	pude	pedí	tuve	dije	fui	fui	estuve
empezaste	pudiste	pediste	tuviste	dijiste	fuiste	fuiste	estuviste
empezó	pudo	pidió	tuvo	dijo	fue	fue	estuvo
empezamos	pudimos	pedimos	tuvimos	dijimos	fuimos	fuimos	estuvimos
empezasteis	pudisteis	pedisteis	tuvisteis	dijisteis	fuisteis	fuisteis	estuvisteis
empezaron	pudieron	pidieron	tuvieron	dijeron	fueron	fueron	estuvieron

活用メモ（2）
　つづりの変化
　　　tocar: toco （直現1単）　　　empezar: empecé （直点1単）
　　　　　　 toqué （直点1単）　　　　　　　 empezó （直点3単）
　　　seguir: sigo （直現1単）
　　　　　　　sigues （直現2単）

					ir	ser	
					iba	era	
					ibas	eras	
					iba	era	
					íbamos	éramos	
					ibais	erais	
					iban	eran	

	poder		tener	decir	
	podré		tendré	diré	
	podrás		tendrás	dirás	
	podrá		tendrá	dirá	
	podremos		tendremos	diremos	
	podréis		tendréis	diréis	
	podrán		tendrán	dirán	

活用メモ（3）
　haberの直説法現在形

he	hemos
has	habéis
ha / hay	han

	poder		tener	decir	
	podría		tendría	diría	
	podrías		tendrías	dirías	
	podría		tendría	diría	
	podríamos		tendríamos	diríamos	
	podríais		tendríais	diríais	
	podrían		tendrían	dirían	

活用メモ（4）
　同音異義語
　　di:　dar直点1単 / decir命2単
　　ve:　ver直現3単 / ir命2単
　　ven:　ver直現3複 / venir命2単

empezar	poder	pedir	tener	decir	ir	ser	estar
empiece	pueda	pida	tenga	diga	vaya	sea	esté
empieces	puedas	pidas	tengas	digas	vayas	seas	estés
empiece	pueda	pida	tenga	diga	vaya	sea	esté
empecemos	podamos	pidamos	tengamos	digamos	vayamos	seamos	estemos
empecéis	podáis	pidáis	tengáis	digáis	vayáis	seáis	estéis
empiecen	puedan	pidan	tengan	digan	vayan	sean	estén
empieza		pide	ten	di	ve		
empezad		pedid	tened	decid	id		

文法用語は教科書・参考書・先生によってやや異なり、高校までに習った英文法の用語と異なる場合もあります。迷った時に参考にしてください。

疑問	解説	例
「句」は必ず2語以上ですか？	定義の仕方によります。辞書にあるような[単]語をことばの出発点とすれば、句は必ず2語以上のものを指します。しかし、実際の発話を出発点とすれば、ある意味のまとまりは多くの場合2語以上の「句」になっています。その意味のまとまりが1語で表される場合も「名詞句」とみなされます。	a) Leo un libro interesante. b) Leo libros. いずれの下線部もleoの補足要素。補足要素が「名詞句」でできていると考えれば、b)のように1語で句になることもある。
un, unaなどは「不定冠詞」ではないのですか？	数が「1つ」であることを積極的に伝えている場合（数詞としての使用）と、数の意味が形骸化している場合（不定冠詞としての使用）とがありますが、区別は曖昧です。「1つの〜」と訳すと日本語としてくどくなる場合に「不定冠詞」と考えるとよいでしょう。	a) Un café, por favor. b) Carlos trabaja en un banco. a)のunは「数詞」の用法。b)のunは「不定冠詞」の用法。
「実物指定」とは「特定」ということですか？	はい、そうです。本書では「特定」の概念を理解しやすくするため、定冠詞より先に指示詞（指などで実物を指して他の実物と区別する）を扱っています。指されているものが具体物でない場合もありますが、なるべく具体化して「どれか」を相手に示せるようにすることで、意味が明確になり、コミュニケーション力が高まります。	a) Estudio en una universidad de Tokio. b) Estudio en la Universidad Taiyo. 話者が通う大学について述べている。a)では実物指定せず、b)では実物指定している。
「強形」「弱形」の意味がよくわかりません。	同じような意味で強形（アクセントを持つ）と弱形（アクセントを持たない）の区別のある語のペアがあります。意味内容を積極的に伝える場合には強形、他の語に付随・依存して現れる場合には弱形になります。日本語訳では区別しにくい違いです。	a) Este libro es mío. b) Mi libro está aquí. a)のmíoは強形。b)のmiは弱形でlibroに付随。libroなしでmiは使えない。
「原形」と「不定詞」は同じですか？	本書では、辞書で見出し語となっている動詞の形を、学習英文法の用語に合わせて「原形」と呼んでいます。通常は「不定詞」と呼ばれています。	¿Quieres comer algo? 下線部は原形（＝不定詞）。
「人称形」は「活用形」と同じですか？	基本的に同じです。しかし、動詞の原形が変化したものすべてが活用形というわけではありません（分詞は活用形とは呼ばない）。この点での誤解を避けるため、本書では「人称形」と呼んでいます。	Hemos comido en casa. "Hemos"および"Hemos comido"のそれぞれが人称形。"comido"単独は非人称形。
「現在分詞」は現在形の一種ですか？	いいえ。「現在分詞」と言われる形は、現在・過去・未来に関係なく、継続中であることを表す非人称形です。単独では文を作れません。	Ahora estoy comiendo. 現在分詞comiendoはestoy（人称形）との組み合わせで文を作る。
「点過去」は一瞬の出来事を表すのですか？	「点過去」「線過去」は日本のスペイン語教育ではよく用いられていますが、誤解を招きやすい用語です。出来事の持続時間にはあまり関係がありません。「点過去」は「単純過去」、「線過去」は「未完了過去」と呼ぶと、よりわかりやすいでしょう。	Carlos vivió diez años en Japón. 「10年間住んでいた」という意味だが点過去が用いられる。

●著者略歴

小川 雅美（おがわ・まさみ）

大阪大学言語文化研究科博士後期課程修了。

博士（言語文化）。

著書　『スペイン語文法の基礎』（共著）（同学社）
　　　『入門スペイン語工房』（共著）（朝日出版社）
　　　『スペイン語ワークブック』（同学社）
　　　写真集『まるい地球のむこうがわ』（共著）（自費出版）

翻訳書　『ヴィゴツキー、ポラン／言葉の内と外─パロールと
　　　　内言の意味論』第1章「ポラン：語の意味とはなにか」
　　　　（共訳）（三学出版）

スペイン語と歩こう

検印
省略

©2020年1月30日　初版発行

著　者　　　　小　川　雅　美

発行者　　　　原　　雅　久

発行所　　　　株式会社 朝 日 出 版 社
　　　　〒101-0065 東京都千代田区西神田 3-3-5
　　　　電話　(03) 3239-0271・72（直通）
　　　　振替口座　東京　00140-2-46008
　　　　http://www.asahipress.com/
　　　　メディアアート／図書印刷

文字と発音のルール

文字	発音のポイント	例
母音字		
a, e, i, o, u	日本語のア行に近い。uは唇を突き出してしっかり音を出すように。ユにならない。	Asturias / Corea Honduras
ai, au, ei, eu, oi ia, ie, io, ua, ue / iu, ui	母音字が i, uと隣りあう場合はひとまとまりとして発音（二重母音）。	Europa Asia / Puerto Rico
子音字		
b+母 bl+母, br+母	日本語のバ行。 音の間にウの音を入れないように。	Bolivia República Dominicana
ca, co, cu cl+母, cr+母	日本語のカ行の /k/ の音。 /kl/, /kr/ 子音の間にウの音を入れないように。	Colombia / Cuba Santa Cruz
ce, ci	(1) 舌を上下の歯で軽くかむ音。 (2) /s/ の音。	Barcelona / Galicia Concepción
ch+母	日本語のチャ行。	Chile / China
d dr+母 （語末）-母+d	日本語のダ行。 /dr/ 子音の間にウの音を入れないように。 舌を /d/ の位置で止める。ドと言わないように。	Andalucía Madrid Valladolid
f+母 fl+母, fr+母	英語の /f/ と同じ。下唇を軽くかむ音。 子音の間にウの音を入れないように。	Santa Fe Francia
ga, gue, gui, go, gu gua, güe, güi, guo gl+母, gr+母	日本語のガ行。uを発音しない。 uを発音する。 子音の間にウの音を入れないように。	Guernica Guatemala Inglaterra / Granada
ge, gi	/x/　口の奥から少しきしらせて息を吐く。	Argentina / Gijón
h+母	hは無音。母音の発音と同じ。	La Habana
j+母	/x/　口の奥から少しきしらせて息を吐く。	Japón
k+母	日本語のカ行。外来語に用いられる文字。	Tokio
l+母 -母+l	舌先を上の歯茎裏にしっかりつける。 舌先を上の歯茎裏につけてしっかり止める。	Lima / Cataluña El Salvador
ll+母	(1) 舌面を上あごに近づける。 (2) 舌面を上あごにつけその両側から声を出す。	Castilla Medellín
m+母	日本語のマ行。	Panamá
n+母 -母+n	日本語のナ行。 舌先を上の歯か歯茎の裏につける。	Nicaragua Aragón
ña+母	日本語のニャ行。	España
pa+母 pl+母, pr+母	日本語のパ行。 子音の間にウの音を入れないように。	Perú Río de la Plata
que, qui	日本語のケ・キ。	Quito
r+母 -母+r rr +母、（語頭）r+母	舌先を上の歯茎裏ではじく。 英語風にならないように。 舌先が連続的にふるえる。リラックスして。	Nicaragua Ecuador / El Salvador Navarra / Costa Rica
s+母 -母+s	日本語のシにしないように。基本的に濁らない。 sの後にウの音を入れないように。	Brasil Buenos Aires
t+母 tr+母	日本語のタ行。ただしti, tuはティ、トゥ。 子音の間にウやオの音を入れないように。	Patagonia Trinidad
v+母	/b/ の音（バ行）。英語風にしない。つづり注意。	País Vasco
w+母	外来語に用いる。発音は英語風かバ行。	Washington
x+母 x+母（地域的例外） -母+x+子	/ks/ 基本的には濁らない。 メキシコおよび周辺で /x/ の音。 スペインでは /k/ が消えやすい。	Cotopaxi México Extremadura
ya, ye, yo, yu （語末）-母+y / （単独）y	日本語のヤ行。軽くジャ行になりやすい。 イの音。直前の母音の音が強くyは弱い。	Yucatán Paraguay / Uruguay
za, zo, zu -母+z	(1) 舌を上下の歯で軽くかむ音。 (2) /s/ の音。	Zaragoza Badajoz, Cuzco